VILLIERS DE L'ISLE-ADAM

ET

STÉPHANE MALLARMÉ

AMS PRESS

NEW YORK

G. JEAN-AUBRY

—

UNE AMITIÉ EXEMPLAIRE

Villiers de l'Isle-Adam

ET

Stéphane Mallarmé

d'après des documents inédits

avec une photographie inédite de *Villiers de l'Isle-Adam*

PARIS

MERCVRE DE FRANCE

XXVI, RVE DE CONDÉ, XXVI

—

MCMXLII

Library of Congress Cataloging in Publication Data

Jean-Aubry, Georges, 1882-1950.
  Une amitié exemplaire.

  Reprint of the 1942 ed. published by Mercure de
France, Paris.
  Includes bibliographical references and index.
  1. Villiers de l'Isle-Adam, Jean Marie Mathias
Philippe Auguste, comte de, 1838-1889—Correspondence.
2. Mallarmé, Stéphane, 1842-1898—Correspondence.
3. Authors, French—19th century—Correspondence.
I. Villiers de l'Isle-Adam, Jean Marie Mathias Philippe
Auguste, comte de, 1838-1889.   II. Mallarmé, Stéphane,
1842-1898.   III. Title.
PQ2476.V4Z68   1980   846'.808   80-205
ISBN 0-404-16300-9

Reprinted from the edition of 1942, Paris, from an original in the
colections of the Ohio State University Libraries. [Trim size of the
original has been slightly altered in this edition. Original trim
size: 11 × 17.8 cm. Text area of the original has been maintained.]

MANUFACTURED
IN THE UNITED STATES OF AMERICA

AVANT-PROPOS

Ce m'est un devoir agréable, avant tout, que de re-
mercier Mme Edmond Bonniot qui, en m'autorisant
à classer et à étudier la correspondance reçue par Stéphane Mallarmé, et qu'elle possédait, m'a permis de réunir
et de connaître les lettres de Villiers de l'Isle-Adam qu'on
trouvera ici : en même temps qu'elle permettait la publication souhaitée des lettres de Stéphane Mallarmé qui
leur répondent.

Ma reconnaissance s'adresse également à M. Marcel
Longuet qui de tout cœur m'accorda de mettre au jour
les lettres de Villiers de l'Isle-Adam et qui, de surplus, et
avec la plus rare générosité, a mis à ma disposition l'iné-
puisable trésor d'une chaude érudition toute vouée à la
mémoire de l'auteur d'*Axël*.

Enfin, que mon ami M. le Professeur Henri Mondor
trouve ici le témoignage de mon affectueuse gratitude pour
m'avoir, en me confiant ces lettres de Stéphane Mallarmé,
permis de faire entendre le duo tour à tour railleur et
émouvant, mais toujours affectueux, de « ces voix chères
qui se sont tues ».

Mai 1940.   G. J-A.

UNE AMITIÉ EXEMPLAIRE :

VILLIERS DE L'ISLE-ADAM ET STÉPHANE MALLARMÉ

C'est à la fin de l'été 1864 qu'ils se rencontrèrent pour la première fois : le moment nous en est indiqué, avec exactitude, par Catulle Mendès, dans des souvenirs évoqués quarante ans plus tard.

Vers l'année 1864, — je crois cette date exacte, — Villiers de l'Isle-Adam et moi, qui habitions Choisy-le-Roi, chez mon père, nous reçûmes la visite d'un très jeune homme qui m'était adressé par mon ami l'excellent Emmanuel des Essarts. Après le déjeuner, Villiers de l'Isle-Adam s'enferma dans sa chambre, — il travaillait alors à *Elēn*, — et j'allai me promener avec Stéphane Mallarmé (c'était ce jeune homme) le long de la Seine... Je lus, tout en marchant au bord de l'eau, les premières poésies de Stéphane Mallarmé, et je fus émerveillé. Car ils existaient déjà ces miracles de rêve, de sensibilité, de charme et d'art : *les Fenêtres ; les Fleurs*, le *Guignon*, l'*Azur*, d'autres encore... Très vite, je ramenai Stéphane Mallarmé à la maison, je lus ses vers à Villiers de l'Isle-Adam qui partagea tout de suite mon enthousiasme (1).

Depuis un an à cette époque, Stéphane Mallarmé enseignait l'anglais au Lycée de Tournon. Trois années au-

(1) Catulle Mendès. *Le Mouvement poétique français de 1867 à 1900*, p. 135 (Fasquelle éd., Paris, 1903).

paravant, à Sens, où son père était conservateur des hypothèques, il avait fait la connaissance d'un jeune homme
de vingt-deux ans, frais émoulu de l'École Normale et qui
commençait sa carrière universitaire comme professeur
de seconde au lycée de cette ville. Ce jeune professeur
portait un nom déjà illustré dans les lettres : son père,
Alfred des Essarts, ancien condisciple de Musset et auteur
de poèmes aimables, était lié de longue date avec Victor
Hugo, Théophile Gautier, Sainte-Beuve et quelques
autres ; dans le salon paternel, Emmanuel des Essarts
avait connu familièrement ces grands hommes. Il se sentait de taille à les égaler, à les dépasser même.

Il était arrivé à Sens auréolé de ce prestige. Il mon-
trait du goût pour la poésie ; le fils du conservateur des
hypothèques en nourrissait un aussi vif, mais plus secret.
Pendant un an, à Sens, Stéphane Mallarmé et Emmanuel
des Essarts avaient réchauffé mutuellement leur enthousiasme poétique. Des Essarts n'était pas fâché d'éblouir
quelque peu de ses belles relations ce jeune provincial ;
mais il n'était pas assez fat pour n'avoir pas été frappé
par la précocité intellectuelle de son cadet. A de petites
vacances, il a invité Mallarmé à venir à Paris : celui-ci
s'y est lié avec Glatigny. A Pâques, toute une petite bande
de jeunes gens et de jeunes filles s'est réunie à Fontainebleau, et c'est ainsi que Mallarmé a rencontré Henri
Cazalis (le futur Jean Lahor), le peintre Henri Regnault,
et Nina Gaillard qui deviendra par la suite Nina de
Villard.

Uniquement attaché à la poésie, mais pressé par les
siens de choisir une carrière, il a, au cours de l'été 1862,
pris son parti : il enseignera l'anglais, et pour obtenir le

certificat d'aptitude exigé, il part pour Londres en décembre et n'en revient que l'année suivante à la même époque, juste pour aller rejoindre le poste que l'on vient de lui assigner à Tournon. Entre temps, il s'est marié avec une jeune Allemande dont il s'était épris à Sens, et il a écrit quelques-uns des poèmes que nous connaissons aujourd'hui sous une forme légèrement modifiée.

Accaparé par ses fonctions de professeur, par son petit ménage, limité par le peu d'argent dont il dispose, torturé déjà par ses méditations sur la nature essentielle de la poésie et par son avidité de perfection, Stéphane Mallarmé n'a presque pas quitté Tournon durant cette année scolaire. Sa seule distraction a été une visite de Glatigny en avril ; et, en juillet, un très court séjour à Avignon où des Essarts a été, au début de l'année, nommé professeur de rhétorique et l'a présenté à Théodore Aubanel et à quelques autres félibres. Cependant, il n'a cessé d'entretenir une correspondance assidue avec trois de ses nouveaux amis : des Essarts, Henri Cazalis et un commis des postes d'Auxerre, Eugène Lefébure, un peu plus âgé que lui, comme lui ancien élève du lycée de Sens, et dont il goûte particulièrement le caractère et la tournure d'esprit. Il n'a pas cessé de se tenir au courant des nouveautés littéraires, il a lu les petites revues, relu les poètes qui lui sont chers : Baudelaire, Gautier, Banville, Glatigny, et il s'est, depuis plus de deux ans, imposé de ne rien publier.

En septembre 1864, tandis que sa femme, qui attend un enfant pour novembre, est allée faire un séjour à Lamastre, près de Tournon, chez Mme Seignobos, Mallarmé est parti pour Sens et Paris où des Essarts lui a bien recommandé d'aller voir Catulle Mendès. Mallarmé n'ignorait pas les mérites et l'entregent de celui-ci ; dès 1861, lorsque Mendès, à peine débarqué de Toulouse, avait, à dix-huit ans, fondé la *Revue fantaisiste*, à laquelle collabora Baudelaire, ne lui avait-il pas envoyé un petit essai en prose intitulé *Bals masqués*, que Mendès lui a refusé avec des regrets fort élogieux. Il n'y avait eu qu'un seul échange de lettres, et l'année 1861 n'était pas achevée que la *Revue fantaisiste* avait cessé de paraître.

Encouragé par ses amis, Stéphane Mallarmé, en cet été 1864, se résigne à la pensée de publier quelques-uns de ses ouvrages : il songe à faire paraître trois poèmes en prose, réunis sous le titre de *Symphonie littéraire* (1), et dans lesquels il évoque et glorifie l'art de Gautier, de Baudelaire et de Banville. Des Essarts, qui connaît personnellement Catulle Mendès, a insisté pour que Mallarmé aille le voir : et c'est bien en septembre 1864 que celui-ci se rend à Choisy.

Cependant, Villiers de l'Isle-Adam, qui n'a encore que vingt-six ans, a quitté depuis bientôt sept ans Saint-Brieuc, sa ville natale : il s'est fait des relations nombreuses dans les cercles littéraires et musicaux de Paris. Il s'est lié d'amitié avec Baudelaire et avec Richard Wagner. Voilà deux ans qu'il a publié son roman *Isis* dont, dans son feuilleton du *Boulevard*, Théodore de Banville a salué avec chaleur l'apparition et où il a décelé « l'incontestable griffe du génie ».

A Sens, à cette époque, Mallarmé lisait assidûment le

---

(1) *Symphonie littéraire* devait paraître dans l'*Artiste* du 1er février 1865.

Boulevard (1). Avait-il lu *Isis* ? rien ne nous permet de l'affirmer ; mais des Essarts lui a signalé l'article que, dans la *Revue Nouvelle*, en décembre 1863, Villiers de l'Isle-Adam a consacré à la *Philoméla* de Catulle Mendès (2), l'unique publication que l'on connaisse de lui depuis *Isis* : et l'écho a dû lui parvenir de l'étonnante personnalité, déjà assurée, de Villiers de l'Isle-Adam, de ce don d'étincelante improvisation où se révélaient les fruits d'originales méditations.

Au moment où Mallarmé se rendait à Choisy, il n'avait encore que vingt-deux ans : il était d'une santé assez délicate, d'une nature méditative et réservée. Privé depuis deux années de tout entretien avec des jeunes gens enthousiastes, il sentit sa timidité et son extrême discrétion fondre au contact de la séduction de Mendès et de la chaude splendeur verbale de Villiers. Avec celui-ci, la sympathie fut immédiate, profonde et elle paraît dans cette lettre de Mendès, en réponse à une lettre, hélas ! égarée, que Mallarmé, à peine rentré dans son exil de Tournon lui avait envoyée, en l'accompagnant de poèmes :

[Choisy-le-Roi, octobre 1864].

Cher ami,

Nous avons été tout à fait touchés de votre excessive gracieuseté. Fanfarlo (3) *nous a valu une charmante matinée,*

(1) Cf. Lettre inédite de Stéphane Mallarmé à Henri Cazalis, 5 mai 1862 (Collection Henri Mondor).

(2) Lettre inédite d'Emmanuel des Essarts à Stéphane Mallarmé, Avignon, sans date [janvier 1864] (archives Mallarmé).

(3) *Fanfarlo*. S'agit-il de la nouvelle de Baudelaire ? Mallarmé avait-il retrouvé le *Bulletin de la Société des Gens de Lettres* de janvier 1847,

*et vos poèmes n'ont point fini de nous rendre des services
contre l'ennui. On ne s'amuse guère davantage à Choisi* [sic]
*qu'à Tournon. On est plus près de Paris, voilà tout : ce qui,
pour des Tantals* (sic) *de notre espèce n'est qu'un désespoir
de plus, car qu'est-ce que Paris sans la possibilité de sa-
tisfaire sur l'heure les désirs que l'on sent naître en soi dans
ce milieu cruel, et donc nous ne sommes point satisfaits du
destin. Villiers, du moins, travaille; son drame* (1) *sera
prochainement achevé. Je regrette profondément que vous
n'ayez point eu le plaisir d'en lire des fragments, — mais
vous serez, je vous assure, l'un des premiers à qui sera
communiqué le manuscrit définitif. Quant à moi-même, je
suis plongé dans une paresse déshonorante. Je n'ai pas le
courage de faire, ni même de vouloir faire. Je tâtonne tout
le long des jours sans m'arrêter à aucune idée précise: sans
doute un effet de l'automne qui s'en prend à la fois à ma
tête et à mon corps.*

*J'aspire de toutes mes forces à un état plus salubre et je
donnerais tous mes sonnets de l'an dernier pour en avoir
fait un ce matin.*

*Cependant, l'orgueil me relève et il ne tiendra pas à lui
que je ne fasse quelque chef-d'œuvre d'ici à peu de temps.
Et vous? travaillez-vous ? après les aveux que je viens de
vous faire sur mon obstination dans le* far-niente, *il serait*

---

ou les *Veillées littéraires* de 1849 où cette nouvelle avait paru ? Elle ne
devait être réimprimée que posthumément, en 1869, dans les *Œuvres
Complètes.* Il est hors de doute que Mallarmé, dont l'admiration pour
Baudelaire était fort vive, avait dû s'entretenir de lui au cours de son
entrevue avec ces deux jeunes gens qui l'avaient assez assidûment
fréquenté. Baudelaire était à ce moment en Belgique.

(1) *Elën*, qui allait paraître à Paris, à la Librairie Louis Davyl, le
14 janvier suivant.

*assez curieux que je vous reprochasse votre indolence. J'en
suis tenté, tant j'aurais plaisir à voir se gonfler vos petits
paquets de poésie. C'est avec une complète franchise que je
me laisse prendre aux charmes de votre poésie. Il y a certainement en elle quelque chose que l'on ne trouve pas
ailleurs, pas même dans Baudelaire. A propos des* Fleurs
du Mal, *on vous reprochera de les avoir lues : pour moi,
je n'y vois aucun inconvénient; en général, d'ailleurs, je
ne crois pas au pastiche; celui qui imiterait parfaitement
serait un artiste parfait. Le ciel veuille me permettre de pas-
ticher de la sorte tel et tel poète que je pourrais nommer. Je
ne pense pas que l'on ait jamais songé à arguer contre
Joachim du Bellay de ses points de ressemblance avec
Ronsard. Du reste, dans votre cas, il y a mieux que ressemblance, et ce ne sont point des pastiches que l'on peut
vous reprocher. Quatre ou cinq tics qui sont communs à
Baudelaire et à vous, cela n'est rien à faire disparaître.
Une volonté ferme de diriger son esprit vers des idées nouvelles et moins sombres n'est point difficile à acquérir. Il
demeure entendu, d'ailleurs, que ce petit changement dans
votre poétique n'aura d'autre but que de vous faire généralement priser et ne pourrait rien ajouter à l'estime sincère
et toute particulière que font de vos vers les personnes dont
le jugement importe. Mais, enfin, sans faire de concessions;
ne dédaignons pas de nous rendre agréables à un plus grand
nombre. N'y a-t-il point chez vous des cordes tendres et
élégantes? Avez-vous besoin de vous confiner dans le spleen?
Et quand on a fait des pièces comme les* Fleurs *et un vers
comme celui-ci:*

     Où rougit la pudeur des aurores foulées (1)

     (Villiers me récite ce vers pendant que j'écris), ne doit-on pas profiter de son talent et chanter un peu dans la joie? Vous comprenez bien qu'en aimant principalement telle de vos pièces, je ne dédaigne pas les autres, mais je parle dans l'intérêt du public imbécile (un reste de pitié!) et dans le but de vous épargner des criailleries troublantes. Villiers partage absolument mon affection pour vos poèmes: il a, d'ailleurs, malgré la coutume que nous avons de vivre seuls à deux — une très grande sympathie pour vous-même.

     D'autre part je n'ai rien de nouveau à vous apprendre, — pas un livre qui vaille la peine d'être lu, ni un drame celle d'être vu. Consolez-vous d'être à Tournon! Tournon est bien heureux de n'être pas à Paris.

     Ecrivez-nous souvent, nous répondrons.

     Merci.

        Tout à vous,

             CATULLE MENDÈS.

     Veuillez remercier Madame Mallarmé de son aimable souvenir. Assurez-la de mes respectueuses sympathies: et quant au nouveau-né futur, n'omettez point de lui donner pour premiers jouets l'œuvre complet (petit format) de Patin et de Legouvé, afin qu'il apprenne de bonne heure à déchirer ces hommes détestables.

---

(1) Le vers actuel est « que rougit la pudeur des aurores foulées » ; Mendès écrit très lisiblement « où rougit... », version première du poème.

[Sur la même feuille, ceci :]

Mon cher Mallarmé,

Je vous suis bien reconnaissant pour ma part de l'envoi que vous avez fait à Catulle, car j'en ai profité. C'est fort admirable, décidément : et j'espère que de tels vers ne resteront pas longtemps impunis.

Merci de vous être souvenu de moi : nous avons bien parlé de vous, aussi et avec une amitié vraie; j'espère aller vous serrer la main bientôt, — peut-être, — en attendant, une poignée de main.

VILLIERS.

[Second post-scriptum de Catulle Mendès.]

J'aurais dû vous renvoyer depuis longtemps ce que vous savez. Une suite de misères m'en a empêché. Je ne ferai point d'insistance pour que vous m'excusiez. Bientôt, huit jours sans doute. Pourvu que ce retard ne vous gêne point !

La sympathie, on le voit par le second post-scriptum, était allée jusqu'à un petit emprunt d'argent par Mendès.

Le 14 janvier suivant, Villiers de l'Isle-Adam publiait *Elën*, ce drame fort romantique auquel il avait consacré la plus grande partie de l'année 1864 et où apparaît déjà la hautaine splendeur de son style et de sa pensée. En adressa-t-il, selon la promesse de Mendès, un exemplaire à Mallarmé ? nous ne le savons pas certainement : celui-ci,

en tout cas, lut ce drame presque aussitôt après sa publication, et son enthousiasme le poussa à communiquer
son exemplaire à son plus cher ami, Eugène Lefébure,
qui venait de se faire mettre en congé pour raison de
santé.

De Charny, — à sept lieues de Joigny, — où il se re-
posait chez des parents, Lefébure, le 2 mars 1865, écrit
à Mallarmé, alors à Tournon :

> J'aurais voulu vous renvoyer plus tôt l'admirable poème de
> Villiers mais malheureusement, je n'ai pas encore résigné mes
> fonctions de garde-malade... J'ai lu, aussi tôt que je l'ai pu,
> *Elēn*, que je trouve fort beau et plein de véritables trouvailles.
> Le rêve de Samuel surtout est magnifique et digne d'Edgar
> Poe. J'ai senti revivre en moi en parcourant ce monde de ver-
> tige, le vieux poème de ma jeunesse : poème très beau, car il
> n'a jamais été écrit. Je le rêvais à peu près comme Villiers l'a
> fait, avec cette différence que j'aurais représenté l'homme
> non pas trop pur pour la femme, mais trop grand, et que je
> l'aurais enfermé dans un désespoir sans issue. Villiers, plus
> consolant ou plus consolé, laisse à Samuel une expiation pos-
> sible, « l'exil, la prière, la nuit ».
>
> Vous êtes juste pour Villiers, et ce que vous m'en dites dans
> votre belle grande lettre est digne de lui... (1).

Nous n'avons malheureusement pas cette « belle grande
lettre » de Mallarmé à Lefébure, mais nous savons que
l'admiration de Mallarmé pour Villiers, au début de 1865,
est déjà très vive et active, car à peine Lefébure lui a-t-il
renvoyé son exemplaire qu'il s'empresse de l'adresser à
Emmanuel des Essarts qui, d'Avignon, lui répond :

(1) Lettre inédite (archives Mallarmé).

Je te remercie bien de m'avoir envoyé *Elën* : peut-être en-
tamerai-je cette lecture aujourd'hui dans le bienheureux
calme de la nuit, avant-coureur des délicieuses ténèbres (1).

et quelques jours plus tard :

Eh bien ! cher ami, j'ai lu *Elën*. A quelques différences près,
je partage ton avis. De toute façon, c'est une idée, c'est une
œuvre. Cela ne rejoint pas *Hamlet* et *Faust* ; du moins, je le
crois. Mais cela se rapproche de *Manfred* et des conceptions
de Jean-Paul. Enfin, c'est grand et beau (2).

Peu de temps après, Mallarmé annonce à Henri Cazalis
qu'il se propose d'écrire un article sur *Elën* « qu'il admire
beaucoup » (3). Ce ne fut qu'une intention qu'il ne réalisa
pas, tout absorbé qu'il est par les ébauches d'*Hérodiade*
et du *Faune*. Venu à Paris, en septembre 1865, avec
Mme Mallarmé, pour soumettre à Théodore de Banville
ce *Faune* écrit à l'intention de Coquelin, Stéphane Mallarmé revit, et probablement à plusieurs reprises, Villiers
de l'Isle-Adam : leur sympathie réciproque prit le caractère d'une véritable amitié. Mallarmé lui présenta son
ami Eugène Lefébure et celui-ci reçut la mission de garder
le contact avec Villiers.

Dès le début de novembre, Lefébure informe Mallarmé
du départ de Villiers pour Saint-Brieuc.

Je l'ai vu il y a un mois. Il venait d'écrire une des plus belles
tirades de son drame et m'a reçu d'une façon charmante. Nous

(1) Lettre inédite, 4 mars [1865] (archives Mallarmé).
(2) Lettre inédite. s. d. Cannes [mars 1865] (archives Mallarmé).
(3) Lettre inédite. s. d. [mai ou juin 1865] (archives Mallarmé).

avons parlé d'*Isis* qui doit se terminer, vous le savez, par un
duel philosophique entre Fabiana, l'hégélienne et un savant
chrétien. Villiers, au fond, est chrétien, regarde l'œuvre d'Hégel
comme une explication incomplète de l'Évangile, et veut,
comme je le pensais, faire d'*Isis* une œuvre métaphysique et
poétique. Quand je lui ai fait observer qu'un mélange indécis
de philosophie et d'art risquait de mécontenter à la fois les
philosophes et les artistes, il m'a répondu aussitôt par ce
charmant sophisme, que la poésie et la philosophie étaient la
même chose pour lui. Au reste, je me hâte de vous dire, pour
vous rassurer, qu'il est las de vivre avec ce nain qui s'appelle
Bouteille à l'encre, et qu'il va se mettre à la manière d'Edgar
Poe. Il fera certainement des poèmes splendides en ce genre (1).

Deux mois après cette lettre de Lefébure, Mallarmé,
à Tournon, en recevait une, longue et divertissante, de
Villiers lui-même, qui laisse paraître pleinement une
affection véritable.

Le charme personnel de Mallarmé, dès cette époque,
est indéniable : il transparaît avec évidence dans les
lettres que lui adressent ses amis. En dépit de son extrême prudence littéraire et de la réserve habituelle
de ses manières, il n'est aucunement dépourvu de spon-
tanéité dans ses relations, ni même d'un don assez inattendu de familiarité. Il en avait déjà fait montre, quelques
années auparavant, dans son intimité presque soudaine
avec Henri Cazalis, et dans la cordialité plus récente de
ses rapports avec Théodore Aubanel qu'il tutoie, malgré
les quatorze années de différence qui le séparent du poète

(1) Lettre inédite. Paris, 2 novembre 1865 (archives Mallarmé). Il
s'agit évidemment de la suite au premier volume d'*Isis*, suite qui ne
parut pas.

provençal. Il n'est pas surprenant, d'autre part, que la richesse intellectuelle de Mallarmé, son aversion pour le succès facile, ses exigences poétiques, la courtoisie de ses manières, en même temps qu'un goût marqué à la fois pour la·grandeur et pour l'ironie aient pu séduire tout particulièrement Villiers de l'Isle-Adam, au cours de leurs nouvelles rencontres de ce second été parisien.

[Saint-Brieuc, janvier 1866].

Mon bien cher ami,

Je vous remercie du fond du cœur d'avoir pensé à ce soussigné qui vous admire et qui vous aime réellement. Votre lettre, qui m'est arrivée avec celle d'une de nos plumes les plus autorisées, — j'ai nommé M. O. Feuillet, — m'a fait l'effet de ces boucliers d'or que l'on soulevait au plafond dans les bains de vapeur des anciens Romains — (au moment où le néophyte se sentait étouffer), et qui laissaient passer une fraîche et vivifiante bouffée d'air parfumé de bois différents.

J'étais au lit quand j'ai lu vos splendides vers. L'idée peu charitable m'est venue aussitôt de savoir comment une créature faite à l'image de Dieu entendrait, sycophante, de telles merveilles (C'était une tentation du démon, bien évidemment: j'y succombai.) Et victime de l'Insidieux, je me demandai naïvement à quelle âme de choix, je devais aller faire part de ces vers pour sa moralisation, son rachat et son réconfort. — Mon dévolu, guidé par la logique d'une âme clémente, devait naturellement tomber sur la plus digne. Est-il besoin d'ajouter que c'était ma cuisinière? Non, n'est-ce pas?... Me sentant plus fort, je sautai à bas; je m'abluai; je n'hésitai pas même à revêtir mon pantalon pour être correct et ne point prêter à rire sur la dignité de ma mission de précurseur. J'avais acheté, la veille, un tambour pour les étrennes d'un de mes petits cousins. Je passai la bandoulière, dans le sentiment de la solennité. Le tout avec la gravité la plus irréprochable.

Et, — descendant vivement l'escalier — je récitai à haute voix les quatorze vers dont j'accompagnai, dûment, chaque hémistiche, d'un roulement qui commandait l'attention et les rassemblements sur les palliers.

Le succès dépassa, comme on dit mes espérances les plus hyperboréennes. On me fit compliment sur la manière dont je jouais du tambour, et, par modestie, je déclarai que les vers étaient de moi, mais que les roulements m'étaient envoyés notés, *par vous. Alors vous obtîntes votre part de gloire et justice fut faite. Ma cuisinière seule, âme d'élite, s'est retirée pensive. Je tremble qu'elle n'ait découvert mon innocente supercherie.*

Ma famille m'a étonné toutefois — et je lui dois un éloge : elle a presque compris le mot « carreaux » qui se trouve dans vos vers; — l'un de ses membres m'a demandé s'il n'était pas question « là-dedans » d'une allusion au fameux huit de carreau à l'aide duquel nous avions fait un schlem la veille, au wisth (sic).

Vous voyez, mon cher Mallarmé, qu'un mieux sensible s'est déclaré dans l'harmonie intellectuelle du public : sans doute, il y a encore bien des progrès à faire, et bien des lueurs à recevoir. — mais enfin il y a un mieux; ne désespérons de rien et n'oublions jamais les fonctions quasisacerdotales dont nous sommes revêtus, vis-à-vis des masses.

— *Tout pesé, j'acheterai pour 2 francs, le silence de la
cuisinière : il faut tenir à ce que notre gloire reste pure.*

*Je travaille, mon cher ami. J'imprime, ne le dites pas,
Morgane que je vous enverrai dans quinze jours. Je n'en
suis pas enthousiaste, mais il y a une préface où je déclare
que tout individu qui écrit pour la renommée n'est pas digne,
aux yeux d'un poète, d'être admis comme mouchard dans
une préfecture de police bien tenue. Il y a quelques scènes
passables et une vingtaine de lignes assez bonnes. Voilà
tout. Par exemple, il y a deux mots sublimes : c'est ce qui
fera passer le reste. L'un est comique, l'autre est aussi grave
que possible. Inutile de vous les écrire, vous les verrez bien,
mon cher ami. J'ai écrit quelques vers pour m'entretenir
la main ; mais, aussitôt débarrassé de Morgane, je vais
tâcher d'enfourcher Pégase sérieusement. Avez-vous lu les
nouveaux vers de* Titanide ? *que j'ai imprimés dans le*
Publicateur ? *Oui, je pense, puisque vous avez dû passer
par Paris, on vous les aura montrés. Cela commence comme
ça, je les ai presque oubliés :*

> *Fleur des neiges, pareille à ce beau soir d'exil,*
> *Les pâtres de l'Irlande allument leurs feux tristes,*
> *C'est l'heure, etc., etc.*

Je vous les enverrai avec Morgane.

Je n'ai point vu Mlle *Dérilly, et votre question charmante
m'y fait penser, — comme le temps passe !*

*Mon cher ami, je sais qu'il vous est aussi égal d'être
heureux qu'il m'est égal de l'être moi-même, de sorte que
je n'ose guère vous souhaiter une bonne année.*

Nous sommes des êtres autochtones ; c'est épouvantable.

*Enfin, je vous serre la main avec toute la sympathie que
vous m'inspirez. — Il y a vraiment lieu d'espérer que je*

vais être riche, oh! follement! à faire pâlir les sots et les gensses d'esprit. — Et tout cela, grâce au forçat libéré! grâce à ce joli petit scarabée d'or!... indice de ma fortune! Mais je puis me tromper ; si, d'ici trois mois, je ne suis pas cent fois millionnaire, c'est que Kidd n'est qu'un imbécile, malgré les probabilités les plus fortes. Ah! si cela tournait bien, comme nous nous amuserions à nous amuser!

En attendant, encore un bon serrement de main: présentez mes respectueux hommages et mes sentiments d'amitié à votre femme ; que tout ce qui reste de paix et de tranquillité dans ce monde infernal vous échoie cette année... voilà mon souhait.

    Au revoir, maintenant

AUG. VILLIERS DE L'ISLE-ADAM.

Ci-joint mon portrait-carte, sans commentaires: je le trouve bien amusant, cependant (1).

---

(1) Le portrait-carte est la photographie de Carjat, inconnue jusqu'alors et que l'on a reproduite ici.

Le poème dont il est question plus haut ne peut être que *Don du Poème*, celui qui débute par « Je t'apporte l'enfant d'une nuit d'Idumée », qui renferme bien quatorze vers, dont celui-ci :

Par les carreaux glacés, hélas ! mornes encor

et dont, sous les titres successifs de *Le Jour* et *Le Poème Nocturne*, il avait envoyé, peu auparavant, deux textes différents à Théodore Aubanel (Cf. Lettres de Stéphane Mallarmé à Théodore Aubanel. *Revue Universelle*, 1er nov. 1923).

Le souvenir de cette lettre était resté vivace, trente ans plus tard, dans l'esprit de Mallarmé qui l'évoquait pour de jeunes amis ; on trouve, dans un recueil d'Henri de Régnier, « Lui ou les Femmes et l'Amour », paru en 1929, cette notation : « Villiers de l'Isle-Adam « était allé à Saint-Brieuc à l'époque du Jour de l'an et il avait acheté « un tambour pour en faire cadeau à un neveu. Le matin du 1er jan- « vier, il reçoit une lettre de Mallarmé avec la pièce intitulée *Don du*

Photographie inédite de VILLIERS DE L'ISLE-ADAM (1865).

Bien que cette lettre ne porte aucune indication de date
ni de lieu, il est évident qu'elle fut écrite dans les premiers jours de 1866, et de Saint-Brieuc, où Villiers surveillait l'impression de *Morgane* qui devait paraître dans
cette ville, en mars suivant à l'imprimerie Guyon.

Un peu auparavant, vers le milieu de décembre, se
rendant à Cannes pour y rétablir sa santé compromise,
Eugène Lefébure s'était arrêté quelques jours à Tournon
chez les Mallarmé ; à Pâques, Stéphane Mallarmé alla
à son tour passer ses vacances scolaires à Cannes, dans
la villa qu'avait louée Lefébure : à son retour en juin,
celui-ci fait un nouveau séjour, plus long cette fois, chez
ses amis de Tournon. Ce furent pour les deux jeunes gens
des occasions d'échanger bien des propos sur la poésie
et les lettres, et de renforcer encore leur commune admiration pour Villiers de l'Isle-Adam. A son départ, Lefébure
fut chargé par son hôte de découvrir à tout prix et au plus
tôt l'auteur de *Morgane* et de le convaincre de venir passer
quelque temps à Tournon. Mais se saisir de Villiers n'est
pas chose facile. Déjà, à cette époque de sa vie, il élude
les rendez-vous, dépiste les recherches, apparaît et dis-
paraît. Le 24 juillet, Lefébure écrit à Mallarmé qu'il avait
espéré voir Villiers, mais que Cazalis, parti pour Fontainebleau, a omis de lui en laisser l'adresse : et huit ou dix
jours plus tard il lui écrit de nouveau qu'il est désolé de
n'avoir pu encore mettre la main sur Villiers.

J'ai écrit à Cazalis qui sans doute avait laissé l'adresse à

« *Poème*. Aussitôt il descend au jardin avec son tambour et il se met
« à en battre. La famille accourt : alors Villiers gravement donne lec-
« ture des vers sybillins de Mallarmé. »

Paris et ne m'a même pas répondu. Il devait revenir de Marlotte au bout de huit jours et il est parti depuis 15. Demain vous aurez sans doute une réponse, si Villiers, cet autre introuvable, est chez lui.

Villiers ne donne pas signe de vie. A Tournon, Mallarmé, dont la santé a été depuis quelque temps assez éprouvée par des malaises et des étouffements, avait d'abord pensé aller faire une cure aux eaux d'Allevard ; il se décide auparavant à aller consulter un médecin homéopathe à Avignon. Il en profite pour y passer quelques jours avec ses amis Aubanel et Roumanille. Il y reçoit enfin une bonne nouvelle, Lefébure a vu Villiers « baugé formidablement dans son lit à deux heures du soir chez ses parents ».

Villiers m'a promis de passer quinze jours à Tournon, du 15 septembre au 1er octobre, et vous écrira une bonne lettre ces jours-ci en vous envoyant *Morgane...* Il est effaré de l'univers et son œuvre sera le miroir de cette stupeur de génie... Je ferai mon possible pour partir le 15 septembre et l'emmener (1).

Toutefois, les intentions de Villiers sont souvent contrecarrées par les circonstances, les difficultés de sa vie et les éruptions mêmes de son génie.

A Tournon, le ménage Mallarmé s'ennuie. On le voit dans une lettre qu'au retour d'Avignon Mallarmé adresse à Théodore Aubanel auquel il n'a pas caché son admiration pour l'auteur d'*Elën* :

(1) Lettre inédite d'Eugène Lefébure à Stéphane Mallarmé. Paris, 15 août 1866 (archives Mallarmé).

Marie n'est pas plus gaie que moi, l'impossibilité où elle a été de m'accompagner à Avignon l'a peinée et Tournon ne renferme que peu de séductions. A peine a-t-elle le désir de faire sa promenade quotidienne sur les routes uniformes et poudreuses qu'elle foule depuis trois ans sans interruption. Enfin nous attendons Villiers comme un rafraîchissement, une rosée extérieure, et un jet d'eau versant ses tintements dans notre appartement usé (1).

Villiers garde le silence, Lefébure est de nouveau dépêché à sa recherche. Il le découvre et Villiers jure ses grands dieux qu'il va envoyer à Tournon une lettre de cinq pages.

Cela dit, il est parti achever une nouvelle au café de Madrid un carton sous le bras, et sa plume court encore. Il m'a remis pour vous son drame de *Morgane* que je vous envoie (2).

A défaut de son auteur lui-même, Mallarmé aurait dû recevoir *Morgane* plus tôt, mais, comme le dit Villiers de l'Isle-Adam dans la lettre qu'on va lire, Emmanuel des Essarts s'est emparé de l'exemplaire remis à Lefébure et a tenu à le lire avant de le restituer, et quand Mallarmé lui reproche de l'en avoir trop longtemps privé, des Essarts lui répond par cette excuse et ce jugement :

Je n'ai pas gardé *Morgane* plus de deux ou trois jours et le surlendemain, je rendais le livre à Lefébure... Il y a plus de

(1) Lettre de Mallarmé à Théodore Aubanel, 23 août 1866 (*Revue Universelle*, 1er nov. 1923).
(2) Lettre inédite d'Eug. Lefébure à St. Mallarmé, Paris, 5 septembre 1866 (archives Mallarmé).

puissance et de nouveauté que dans *Elën* où le mérite de l'exécution ne dissimule pas l'absence d'originalité dans la con-
ception première. Villiers de l'Isle-Adam me paraît marqué du
signe du génie. Seul, il a ce don royal parmi nous (1).

Villiers ne compte que des admirateurs ardents dans ce
petit groupe de jeunes gens. On verra dans sa lettre,
outre une très affectueuse préoccupation de la santé de
Mallarmé, que Lefébure lui a dépeinte comme précaire,
son enthousiasme hégélien et l'état de ses travaux ;
aussi, déjà, celui de ses illusions, puisqu'en dépit de ses
dires *Claire Lenoir* et les poèmes du *Cantique Nuptial*
(ceux du futur *Conte d'Amour*) ne devaient paraître qu'un
an plus tard, et encore fut-ce seulement grâce à la trop
passagère bonne fortune qui fit de lui, pendant quelques
mois, le rédacteur en chef de la *Revue des Lettres et des
Arts.*

[timbre de la poste : *11 sept. 66*].

Mon cher, mon bien cher ami,

*Ne m'accusez point trop vite : j'espérais pouvoir aller
vous porter ma réponse moi-même. Et croyez qu'il m'est
dur et pénible de ne pas pouvoir aller vous serrer la main
et vous embrasser de tout mon cœur. Ah ! nous eussions
passé de belles heures tous les deux, notamment, le soir.
Car vous savez combien j'aime ce que vous dites et ce que
vous faites ! Mais voici ce qui m'arrive. Je suis d'abord*

---

(1) Lettre inédite d'Emmanuel des Essarts à Stéphane Mallarmé,
s. d. ; [Paris, septembre 1866] (archives Mallarmé).

accablé de travail, je travaille à nous venger. Vous verrez :
c'est de l'imprévu. J'ai deux ou trois journaux à ma dispo-
sition : la « copie » est commandée et comme ce n'est qu'en
hurlant de douleur que je livre le bon à tirer, vu et attendu
que je ne puis m'exprimer que par gloussements informes
qui n'ont aucun rapport avec les nuits idéales sans bornes
et incréées que j'ai l'honneur de porter dans le cœur de mon
cœur, je suis obligé de suer comme un nègre pour dire un
iota de plus, par conscience, dans mes misérables phrases
Je vous avais envoyé Morgane, mais des Essarts a effarouché
l'exemplaire au passage : j'espère qu'il vous l'enverra ce
soir ou demain à ce que m'a dit et affirmé Lefébure. Claire
*Lenoir, un roman terminé, va paraître dans l'*Epoque. *Je*
vous l'enverrai. Le Cantique Nuptial (des vers assez propres
et des poèmes en prose) vont paraître à la Revue *du*
XIXe *siècle, et ma fameuse « Réhabilitation du Tiers-Etat en*
France », — une chose à faire sauter les bourgeois de rage
et d'étonnement, — va paraître dans le Nain Jaune. *Yseult*
d'Yeuse et ses amies Clio-la-Cendrée et Diane d'Aubel.
paraîtront également là ou à la Revue (1). *Claire Lenoir el*
Yseult sont des contes terribles écrits d'après l'esthétique
d'Edgard (sic) *Poe. Et j'ai obtenu de tels succès de fous-*
rires chez Leconte de Lisle (Ménard se cachait sous les so-
phas à force de rire, et les autres étaient malades) que j'ai
bon espoir. Le fait est que je ferai du bourgeois, si Dieu
me prête vie, ce que Voltaire a fait des « cléricaux », Rousseau

---

(1) Peut-être était-ce une première version du *Convive des Dernières*
fêtes (Contes cruels) où figure Cléo la Cendrée, et qui ne parut d'abord
qu'en janvier 1874 dans *la Revue du Monde nouveau* sous le titre : *Le*
Convive inconnu ; d'autant que dans ce conte il s'agit bien aussi de
trois amies.

*des gentilshommes et Molière des médecins. Il paraît que
j'ai une puissance de grotesque dont je ne me doutais pas.
Enfin nous rirons un peu. On m'a dit que Daumier les flat-
tait servilement en comparaison. Et naturellement, moi j'ai
l'air de les aimer et de les porter aux nues, en les tuant comme
des coqs. Vous verrez mes types, Bonhomet, Finassier et
Lefol: je les énamoure et les cisèle avec toute ma complaisance. Bref, je crois que j'ai trouvé le défaut de la cuirasse
et que ce sera inattendu.*

*Ainsi, mon pauvre cher ami, je suis cloué ici pour un
peu de temps. Je n'ai même pas visité Catulle depuis deux
mois, et il est à Barbizon. Je suis un peu malade: le cœur
bat trop fort; c'est nerveux. Mais vous, que signifie le médecin homéopathe ? Prenez donc du vin de quinquina,
deux verres à bordeaux par jour et trois pilules de fer réduit
par l'hydrogène, préparé à la rhubarbe, dans votre première cuillerée de bouillon. Vous m'en direz des nouvelles
dans huit jours, si vous avez des étouffements nerveux,
d'après ce que m'a dit Lefébure.*

*Pas trop d'exercice, au contraire, d'abord ! Laissez pendre
vos pieds, en vous asseyant haut, quand le sang se porte
à la poitrine, 5 minutes ! et ne travaillez pas de suite après
vos repas, mais une heure et demie après.*

*Après le repas une toute petite course; — mais ne faites
pas d'armes de suite après le repas. Quant au café et aux
liqueurs et à la bierre* (sic), *qui sont pour nous, avec le tabac,
plus chers que la vie, je crois que, si par un effort violent
vous laissiez trois jours seulement l'usage des trois premiers,
cela vous raffermirait solidement. Surtout ne prenez pas
d'autre fer (sous autre formule) — fer réduit par hydrogène ! — voilà ! Autrement c'est se fatiguer et ne pas di-*

gérer le fer. Pas de purgation : la pilule assaisonnée suffira : voici

Fer réduit par hydrogène 3.00
Rhubarbe. 1.50

mais d'ailleurs vous n'aurez pas le temps de vous occuper de cela, et je ne vous le dis que dans le cas où vous iriez plus mal en suivant les indications de votre médecin. — Ce que je vous offre est rationnel, parce que nous sommes des natures surmenées, voilà tout, et qu'en renouvelant la force du sang, nous renouvelons la force du système nerveux. Ce n'est donc rien de grave.

Maintenant vous avez dû faire de beaux vers et de bien belles choses ! Quand paraîtra le Traité des Pierres précieuses ? j'ai plus de confiance en votre alchimie qu'en celle d'Auréole Théophraste Bombaste, dit le divin Paracelse (1). Toutefois je vous indiquerai les « Dogmes et Rituels de Haute Magie » d'Eliphas Lévy, 2 vol. in-8° (1850, Dentu, Paris) (2) s'ils se trouvent à la Bibliothèque de votre Ville. Ils sont l'étonnement même. Quant à Hégel, je suis vraiment bien heureux que vous ayez accordé quelque attention à ce miraculeux génie, à ce procréateur sans pareil, à ce reconstructeur de l'Univers. Ah ! maintenant que je l'ai réétudié plus à fond, pendant de longues nuits, je suis sûr que nous nous amuserions bien tous les deux à en causer, mon cher ami. On parle de vous presque chaque samedi chez Delisle (3) et vous êtes le regretté, l'aimé et l'attendu.

(1) On se rappelle que Villiers de l'Isle-Adam cite ce dernier au chapitre VIII de *Claire Lenoir.*
(2) Eliphas Lévi, pseudonyme de l'abbé Constant, auteur de la *Bible de la Liberté* (1841).
(3) Delisle. Il s'agit évidemment de Leconte de Lisle qui recevait alors tous les samedis.

Ecoutez, je ne puis aller maintenant là-bas : outre que je suis toujours sur le point d'avoir une immense fortune, ce à quoi je ne trouve pas inutile de veiller, ne fût-ce que par intérêt général, je suis engagé avec des journaux. Mais sitôt libre, j'irai embrasser la petite Madeleine dont j'ai vu la photographie, avec le beau polichinelle (1), et je vous prie d'embrasser cette petite Madeleine pour moi avant que je ne puisse le faire en personne. — Croyez bien ceci, car vous êtes de ceux, — vous êtes même celui que j'aime le plus sincèrement de bien des amis.

AUGUSTE VILLIERS DE L'ISLE-ADAM.

28, rue de Boissy-d'Anglas.

Mon cher Mallarmé, j'ai été présenté fort irrégulièrement à votre femme, toutefois prenez sur vous de l'assurer de mes respectueux sentiments d'amitié et offrez mes regrets de ne pouvoir accepter un accueil si bienveillant et si aimable.

[Enveloppe : Monsieur Stéphane Mallarmé, professeur au Lycée de Tournon-sur-Rhône (Ardèche)].

La réputation littéraire de Mallarmé, on le voit par cette lettre, s'était répandue à Paris, depuis la publication de plusieurs de ses poèmes dans le *Parnasse Contemporain*, en mai 1866. Il aspirait, depuis quelque temps déjà, à quitter Tournon : il avait espéré obtenir d'être envoyé à Sens où il avait fait ses études, connu sa femme, et

---

(1) En réalité, *Geneviève* Mallarmé.

où vivaient la seconde femme de son père et leurs trois enfants. Des Essarts, pendant l'été, s'était même rendu au ministère de l'Instruction publique pour activer cette affectation ; mais en vain. Au début d'octobre 1866, Mallarmé quittait enfin Tournon, mais pour le lycée de Besançon.

Sa santé ne s'y améliora pas : le climat bisontin ne lui fut pas favorable : ses heures de classe plus morcelées lui laissaient peu de loisirs. Il souffrait de la poitrine et plus encore de ses méditations poétiques : il se renferma dans un silence dont tous ses amis se plaignirent. Il est peu probable qu'il ait écrit à Villiers de l'Isle-Adam plus qu'à ceux qui étaient depuis plusieurs années ses correspondants réguliers, Cazalis, Lefébure (qui est à Cannes d'octobre à fin juin 1867) et des Essarts, maintenant professeur de rhétorique au lycée de Moulins. Ses amis, à l'envi l'un de l'autre, se plaignent de son silence. On ne trouve dans leurs lettres aucune allusion à Villiers de l'Isle-Adam, à l'exception de celle-ci, dans une lettre de Lefébure datée de Cannes, 22 avril 1867.

Savez-vous ce que devient Villiers ? Je ne crois pas que ses nouvelles aient paru dans la *France*, comme il l'affirmait avec sa puissance balzacienne d'illusion : ce serait par trop naïf, de la part de *la France* de les recevoir : figurez-vous Edgar Poe au feuilleton du *Constitutionnel* (1).

Mallarmé semble bien être venu en septembre, de Besançon à Paris pour tâcher d'obtenir du ministère une nouvelle affectation ; quoique la biographie de Villiers de l'Isle-Adam soit, en dépit de maintes recherches, encore

(1) Lettre inédite (archives Mallarmé).

bien vague tout porte à croire que celui-ci se trouvait à
Paris durant cet été-là, car c'est le moment précisément
où l'on vient de le charger de la direction de la *Revue des
Lettres et des Arts*. Il se préoccupe d'assurer à sa revue
des collaborations exceptionnelles. Les « Œuvres Complètes » contiennent la lettre où il sollicite celle des
Goncourt ; une lettre à Asselineau a révélé que son premier
soin est de tâcher d'obtenir des inédits de Baudelaire qui
vient de mourir quinze jours auparavant (1). Trois jours
plus tard, il demande la collaboration de Mallarmé. Il ne
l'avait certainement pas vu au cours de l'été et n'avait
pas dû recevoir directement de ses nouvelles depuis assez
longtemps ; l'adresse de la lettre témoigne qu'il ignorait
que Mallarmé eût été, depuis un an, transféré de Tournon
à Besançon. L'adresse différente de la seconde lettre
montre l'empressement, inaccoutumé à cette époque,
qu'a mis Mallarmé à lui répondre, malgré son mauvais
état de santé, et à lui adresser en même temps plusieurs
poèmes en prose. Voici ces deux lettres particulièrement
caractéristiques de la verve ironique de Villiers :

[Adresse : *Monsieur Stéphane Mallarmé*, *professeur au
lycée de Tournon*, *Ardèche* : renvoyée, *au Lycée de Besançon*,
Doubs].

----

(1) Lettre de Villiers de l'Isle-Adam à Charles Asselineau. Paris,
17 sept. 67 (catalogue de la Librairie Matarasso : juillet 1937).

Paris, 20 septembre 67.

Mon cher Mallarmé,

J'attends votre copie des Poèmes en prose et des Poésies de Poe. Je n'ose vous demander des vers pour le premier N° ni le second N°, à cause de la beauté. *Vous me comprenez — vous tueriez tout bourgeois. Mais quand ils seront une fois abonnés, nous rirons bien.*

Je suis nommé rédacteur en chef de la « Revue des Lettres et des Arts » : cela paraît le 1er octobre, comme les journaux ont dû vous l'apprendre. Cette fois nous serons entre nous, et sans le moindre Fertiault, ni le plus petit Piedagnel (1).

Vite, vite, mon cher ami, votre sublime et merveilleuse copie. Je l'attends avec une impatience partagée par Armand Gouzien, mon directeur. Nous nous entendrons sur les conditions, *fixez-les vous-même,* bien que nous ne soyons pas très riches.

Je vous serre bien cordialement les mains et je compte sur vous.

AUGUSTE VILLIERS DE L'ISLE-ADAM.

Les bureaux sont situés 5, rue de Choiseul, *où je suis. Pardonnez-moi, mon cher ami, la brusquerie et la concision de cette lettre, mon cher ami, mais j'ai d'affreux travaux, naturellement.*

(1) P. Fertiault et Alexandre Piedagnel avaient donné des vers au recueil du *Parnasse contemporain* paru l'année précédente : ils encadraient ceux qu'on y avait publiés de Villiers de l'Isle-Adam : *Hélène* et *A une enfant taciturne.* Piedagnel avait été, ou était encore, le secrétaire de Jules Janin.

[timbre de la poste : 27 septembre 1867].

> *M. Stéphane Mallarmé,*
> *36, rue de Poithune*
> *Besançon.*

Chère âme tendre et charmante que vous êtes, mon cher Mallarmé, vous voilà malade ! C'est juste ! Que faire ici, et quel serait notre prétexte de rester si nous n'étions pas percés, traqués, volés, vilipendés et saignants ? Il faut être malade : c'est le plus beau de nos titres de noblesse immémoriale : de quel droit serions-nous bien portants, nous autres ! Allons ! mourons le plus tôt possible : c'est ce que nous avons de mieux à faire. Et n'ai-je pas lu à propos de notre Baudelaire cette ligne d'un petit polisson à maximes : « Heu ! c'est un homme qui a, toute sa vie, couru après la folie, et, (mon Dieu, heu ! heu !) — qui a fini par la rencontrer. » — Il est bon de pirouetter sur son talon après avoir dit cela, les pouces dans les entournures du gilet. Vous voyez : nous n'avons que faire de rester avec ces messieurs.

Cependant ne mettons mon conseil à exécution que lorsqu'il n'y aura plus un seul, un seul capable d'échanger une idée avec nous.

Le guignon qui m'a poursuivi dans tout ce que j'ai tenté a été vraiment sans pareil et je l'en loue : aujourd'hui cela entre, je l'espère, dans une série plus propitiatoire.

Je viens de lire vos admirables poèmes en prose ! je lirai samedi, c'est-à-dire demain soir, à 9 heures, chez de Lisle, le Démon de l'Analogie, *que j'étudie profondément, mais c'est une chose qui, pour le bourgeois, me paraît encore plus*

terrible que vos vers, mon pauvre cher ami ! celle-là est vrai-
ment sans pitié ! jamais on n'a vu ni entendu sa pareille,
et il faut absolument être au diapason du « violon déman-
tibulé » de Louis Bertrand, pour saisir la profondeur de votre
idée et le talent excellent de la composition.

  Ma foi, tant pis pour le bourgeois, — n'ayez pas peur :
la ponctuation sera, je l'espère, irréprochable. Il n'y a que
trois mots pour lesquels je vous demande, en tremblant moi-
même, une risible concession : et cela parce qu'ils sont de
nature à épouvanter [les grandes dames, et les jeunes de-
moiselles, d'abord, et ensuite parce qu'ils ne sont pas, —
ou je m'abuse comme un niais, — indispensables à la clarté
et à l'image de la phrase : — ce sont les mots « dans le der-
rière », qui se trouvent dans l'Orphelin. Il est assez naturel
que ce soit dans cette triste partie de nous-même que le
paillasse, individu sacré à titre de prototype de ce siècle,
reçoive une ration de coups de pied nécessaire au rire de la
foule. Cela est reçu : c'est le dû. Et personne ne s'y trompera.
Je crois qu'il vaudrait mieux, soit le renforcer à l'aide de
quelque épithète affreuse et innommée, soit, simplement,
effacer les trois mots à l'aide d'une plume ?... mais je vous
soumets cela, car la chose est digne de longues réflexions :
et il en sera comme vous voudrez. (Ceci tout entre nous.)

  Maintenant, mon cher ami, je ne vous ai pas demandé
des nouvelles d'Hérodiade ni du Traité des pierres pré-
cieuses. Vous savez qu'aussitôt que nous aurons quelques
abonnements, il faudra affoler le lecteur, et nous avons
fondé sur vous nos principales espérances pour arriver à ce
résultat et le parachever. Quel triomphe, si nous pouvions
envoyer à Bicêtre quelque abonné ! Positivement, Mallarmé,
ce serait le comble de l'Art, ce serait sublime ! — et on ne

nous oublierait pas. Vous devez en sentir comme moi, l'impérieux besoin, et vous verrez d'ailleurs, dès le premier numéro, que je ne suis pas indigne de travailler à vos côtés : oui, je me flatte d'avoir enfin trouvé le chemin de son cœur, au bourgeois ! Je l'ai incarné pour l'assassiner plus à loisir et plus sûrement. Et vous lirez une chose qui fait déjà quelque bruit parmi nous, ce qui m'encourage dans ma noble idée, — et cette chose est plus sinistre, dans sa douceur, que le chat noir de Poe : vous voyez, je m'engage beaucoup. A propos de Poe, je regrette que vous n'ayez pas envoyé le lac d'Auber ou telle autre chose de lui ! mon cher ami, ce serait rudement bien, et avec votre traduction translucide, ce ferait ma fortune ! Envoyez, je vous prie, la moindre chose de lui : d'abord cela prédisposera le lecteur à faire attention, et à ne pas condamner sans lire ce que vous lui direz vous-même ultérieurement, si tant est qu'un « lecteur » soit capable d'une attention quelconque pour quoi que ce soit, — et ensuite c'est un service terrible que vous nous rendrez pour poser un numéro. — Je dois avoir l'air en ce moment d'un courtier vieilli dans le dol et la rapine, mais c'est Gouzien qui a déteint sur moi. — A bientôt, mon cher Stéphane, à l'un de ces jours ! Je me suis brouillé avec Catulle : depuis six mois, nous ne nous écrivons plus. — Ah ! voyez-vous, il est bien, mais il est trop froid.

Cher ami, soignez-vous : mon Dieu ! je ne sais que dire à cela : mais soignez-vous : le guignon finira ! moi j'ai l'espérance dure.

Merci donc, bien du cœur à vous

VILLIERS.

*P. S. Ne faites pas attention au griffonnage, cher ami,
j'ai une plume atroce, et tous les collaborateurs emportent
tout ce qu'il y a ici.*

Avez-vous lu de Baudelaire Les Bons Chiens, Portraits
de maîtresses *et* Les Bienfaits de la Lune. *Dites, je vous les
enverrais. Des chefs-d'œuvre!* (1).

Mallarmé venait tout juste de recevoir la seconde lettre
de Villiers de l'Isle-Adam, quand il apprit, avec quel sou-
lagement ! sa nomination au lycée d'Avignon. C'était
retrouver, outre un climat plus favorable, les bons amis
qu'il s'y était faits, trois ans plus tôt, les Aubanel, les
Roumanille, les Jean Brunet, Frédéric Mistral : c'était se
replonger dans un milieu amical, enthousiaste et cultivé,
baigné de poésie.

Huit jours après son arrivée en Avignon, le numéro
de la *Revue des Lettres et des Arts* du 20 octobre 1867
lui parvenait, contenant deux de ses poèmes en prose :
Causerie d'hiver et *Pauvre enfant pâle.* La semaine suivante paraissait *L'orgue de Barbarie*, et dans le numéro
du 24 novembre, l'*Orphelin*, — après suppression des trois
mots incriminés par Villiers de l'Isle-Adam. La *Revue des
Lettres et des Arts* devait encore publier *La Pipe*, le 12
janvier suivant : mais *Le Démon de l'Analogie* n'y figura
pas ; Villiers l'avait-il gardé pour la bonne bouche, ou

(1) Ces trois petits poèmes en prose de Baudelaire venaient de paraître, posthumément, dans les numéros des 31 août, 21 septembre et
14 septembre de la *Revue Nationale.*

Quant à l'œuvre « sinistre dans sa douceur » dont parle Villiers, il
s'agit évidemment de *Claire Lenoir* qui parut dans le numéro du 13 octobre de la *Revue des Lettres et des Arts.*

bien craignit-il de décourager tout à fait les abonnés qui
se faisaient rares ? A la fin de mars la revue cessa de paraître.

Ce fut alors pour Villiers une nouvelle période de silence : quelques poèmes dans l'*Artiste* en 1868 ; *Azraël*
dans la *Liberté*, en 1869, *Sigefroid* dans le *Diable*, en mai
1870 : ce fut tout ce qu'en deux ans et demi il semble bien
avoir publié avec *La Révolte*, son drame en un acte joué
au Vaudeville en mai 1870, et quelques articles.

Mais ses jeunes admirateurs ne l'oublient pas. Dans une
lettre que, le 6 janvier 1869, Lefébure adresse à Mallarmé,
on trouve encore ces allusions à Villiers : « Il me semble
que vous cachez en vous, comme le bénin Lenoir, de
Villiers, quelque mystérieux cannibale, et les boulettes
crues que je vous voyais avaler à Besançon servaient
sans doute à tromper vos appétits féroces. Je vous soup-
çonne même d'avoir voulu m'engraisser : c'est pour cela
que vous me soigniez si bien. » Et dans la même lettre.
« Je vous demanderai l'adresse de Villiers et de Mendès
et si vous pensez que je ferais bien de leur porter mon
grimoire égyptiaque qui pourra faire rêver Villiers et
amuser Mendès. »

Pendant ce temps, en Avignon, Mallarmé mène une
existence moins harcelée par l'ennui ; mais sa santé reste
incertaine : il passe ses vacances au bord de la Méditer-
ranée : un été à Bandol, un autre aux Lecques. Au début
de l'année 1870, il se fait mettre en congé, obtient de faire
dans une salle de la ville un cours privé d'anglais. Il songe
à abandonner l'enseignement, du moins officiel, rêve de
leçons particulières, d'une place de bibliothécaire à
proximité de Paris, sinon à Paris même. Il s'en est ouvert

à Mendès, à Cazalis. Mendès lui offre de partager la maison qu'il vient de louer à Neuilly, boulevard de Madrid.

Au mois de juillet 1870, Catulle Mendès, Judith Gautier, — qui est devenue sa femme, — et Villiers de l'Isle-Adam partent pour Munich où des journaux les ont envoyés, — comme ils l'avaient fait l'année précédente, — à l'occasion d'une exposition de peinture : et, comme l'année précédente, ils ont décidé de s'arrêter à Lucerne pour rendre visite à Richard Wagner. De Munich même, Catulle Mendès renouvelle à Mallarmé ses encouragements à venir se fixer à Paris. Cependant, le 19 juillet, la guerre éclate entre la France et la Prusse : les trois voyageurs français s'attardèrent, ou furent retardés, quelques jours : ils durent quitter la Bavière séparément, si l'on en croit la date, — qui semble bien exacte, — que Villiers de l'Isle-Adam assigne à son passage à Augsbourg, dans une « Correspondance » qui parut dans le *Constitutionnel* du 1er août. L'allusion qu'il fait à cette collaboration dans une lettre à Mallarmé qu'on verra plus loin (1), nous a seule permis de retrouver ce texte de Villiers et en ustifie la reproduction ici.

ALLEMAGNE

(Correspondance particulière du Constitutionnel)

Augsburg, 24 juillet, au soir.

J'envoie ces quelques mots commencés à Munich, in-

(1) Lettre de Paris, 3 septembre 1870.

terrompus par un départ urgent, et je ne sais même pas si je passerai la nuit de demain à Augsburg.

J'ai dû m'assurer de la bonne volonté d'un ami pour déjouer la vigilance des postes prussiens. Mes lettres vous parviendront via Genève. Quelques heures de retard, mais certitude de réception. Il y a vraiment danger pour tout Français en Bavière et les frontières sont dures à passer.

Ici on est gai cependant.

. . . .

Je reprends ma lettre interrompue ici, et que j'achèverai ce soir à Augsburg.

Une observation assez inquiétante de mon maître d'hôtel (un Français, par parenthèse, chez lequel je suis descendu depuis quatre jours) me force de plier bagage.

Je compte partir pour Vienne; mais la curiosité de voir l'impression que fera, ici, incessamment la nouvelle de la première bataille pourrait fort bien me retenir quelques jours dans les villes environnantes. Grâce à mon passeport très en règle, je puis circuler assez librement en route, pourvu que je ne m'attarde pas dans les rues au sortir des cabinets de lecture ou des cafés regorgeant de pamphlets et de journaux. L'allure d'un Français est facilement reconnue ici, et je ne me soucie en aucune façon de la déguiser. Rien n'est divertissant comme de prendre des notes, en français, devant tout le monde, sur les journaux ennemis.

Me voici donc à Augsburg, tout seul, *et je viens d'y éprouver une impression pénible. De la fenêtre de mon hôtel, sur la place du marché, je puis voir l'immense cour de la caserne : il y a là une vingtaine de pelotons de fantassins bavarois; ils font l'exercice à feu. J'entends distinctement le*

*bruit et le croassement de leurs balles qui entrent là-bas dans
la cible invisible. J'ai quelques amis dans l'armée française et je n'appartiens qu'à la seconde levée ; je me dis que
parmi ceux qui tirent à quelques centaines de pas de ma
fenêtre, il y en a peut-être qui me tueront mes amis avant
un mois.*

*Cela me serre profondément le cœur et me fait venir aux
yeux des pleurs de colère, d'ennui et d'amertume. Etre un
homme de pensée, c'est quelque chose, je le sais : mais il
y a des moments où l'on se souvient qu'Eschyle (qui se
connaissait aussi en belles-lettres et en poésie dramatique) ne
voulut point qu'on mît sur son tombeau : « Ci-gît Eschyle qui
écrivit* Prométhée, *mais « Ci-gît Eschyle qui combattit à
Salamine. »*

VILLIERS DE L'ISLE-ADAM.

Les trois voyageurs se rejoignirent-ils à Augsbourg, ou
seulement à Lucerne ? En tout cas, trois jours après la date
de la lettre de Villiers, ils étaient réunis dans cette dernière ville, comme en témoigne ce billet de Catulle Mendès
à Mallarmé :

[timbre de la poste : Lucerne, 27 juillet 70].

Lucerne, poste restante.

Mon bon ami,

*Ni dans 8 jours, ni dans un mois, mais dans 10 ou 12
jours. Je serais parti tout de suite si Richard Wagner chez
qui je loge à Lucerne ne m'avait déclaré ce matin qu'il*

comptait nous garder pendant plus d'une semaine encore.
Excusez-nous d'abord auprès de Madame Mallarmé du
grand tracas que nous allons lui causer.

Fatigués? horriblement. Votre amitié nous rassérénera.

Envoyez-moi tous les détails possibles sur les départs
et sur les prix.

Ma femme embrasse la vôtre. Villiers vient, naturelle-
ment.

Votre

CATULLE MENDÈS (1).

En réponse à la lettre reçue de Munich juste avant ces
événements, Mallarmé avait dû exprimer à Mendès le
désir de les voir passer quelques jours à Avignon à leur
retour. Les circonstances les obligeant à regagner Paris
par Genève et Lyon, ce détour par Avignon s'en trouva,
en quelque sorte facilité. Leur venue était confirmée
quelques jours plus tard, par ce double billet de Mendès
et Villiers de l'Isle -Adam, au moment même où ils allaient
quitter Lucerne pour gagner Lyon où ils prendraient le
bateau qui descendait le Rhône et les débarquerait à
Avignon vers six heures du soir.

(1) Lettre inédite (archives Mallarmé). « Les départs et les prix »
se rapportent au service des bateaux qui faisaient alors le trajet Lyon-
Avignon.

Hôtel du Lac (Lucerne)
Villiger-Spillmann

dimanche [31 juillet 1870].

Cher ami,

Nous partons dans dix minutes. A moins de grave aventure, nous prendrons le paquebot à Lyon mardi à 8 heures le matin. Concluez l'arrivée.

Votre
CATULLE MENDÈS.

Nous sommes très heureux!
Mon cher Mallarmé, j'arrive avec Catulle et sa femme, et je vais enfin connaître ce que vous avez fait d'admirable. J'ai planté là Hegel. J'apporte la Révolte (1). Je vous embrasse tendrement. Nous partons tout de suite.

Votre ami,
VILLIERS.

Bien qu'ils se trouvassent en Suisse et non plus en Allemagne, leur visite à Wagner avait dû être écourtée. Ce billet non daté ne peut être que du 31 juillet fixant au 2 août leur arrivée à Avignon, car, dans une lettre datée du 8 août 1870, Théodore Aubanel dit à son ami Ludovic Legré qui habitait Marseille :

(1) *La Révolte* avait paru chez Lemerre, le 16 juillet 1870.

4

Il y a ici chez Mallarmé, Villiers de l'Isle-Adam et Catulle
Mendès avec sa femme Judith, la fille de Théophile Gautier.
Ce sont tous les trois des Parnassiens et des impassibles. Leurs
thèses ne sont pas du tout amusantes, et leur poésie est dian-
trement dans les nuages : mais Judith est une femme admirable, jeune, grande, brune pâle, avec l'embonpoint et la non-
chalance d'une femme d'Orient. Il faudrait voir cette femme-là
couchée sur une peau de tigre et fumant le narghilé (1).

Bien des années plus tard, en 1903, Catulle Mendès a
fait dans « le Mouvement Poétique » déjà cité, allusion à
cette venue à Avignon.

Mallarmé nous reçut dans une petite maison rose, derrière
des arbres où il habitait avec sa femme et sa fille. Nos mains
tremblèrent de joie en s'étreignant ; mais le dîner fut très
bref, encore qu'y assistât, si j'ai bonne mémoire, le grand poète
Mistral. Après le dessert, Stéphane conduisit dans son cabi-
net de travail ses deux chers amis, ses deux juges espérés : et
tout de suite, sans se faire prier, car il savait bien pourquoi
nous étions venus, il se mit à nous lire l'ouvrage auquel il
travaillait. C'était un assez long conte d'Allemagne, une sorte
de légende rhénane qui avait pour titre — je pense bien ne pas
me tromper, — Igitur d'Elbenone.

Cette lecture, à ce qu'il nous rapporte, accabla Mendès.
« J'éprouvai une immense tristesse, je prétextai la fatigue du voyage et me retirai dans ma chambre. Le lendemain, je partis pour Paris sans que Mallarmé m'eût in-
terrogé quant à Igitur d'Elbenone. » Villiers semble bien,

(1) Ludovic Legré. *Le Poète Théodore Aubanel*, Paris, Librairie Victor Lecoffre, 1894, p. 156.

— d'après le récit même de Mendès — n'avoir pas partagé le sentiment désapprobateur de son compagnon de voyage. Ce récit renferme, d'ailleurs, des singularités dont la moins étonnante n'est pas qu'ayant fait pour rentrer de Lucerne à Paris, ce crochet par Avignon, ils ne seraient restés chez Mallarmé qu'une soirée : ce qu'infirme, au reste, le passage de la lettre d'Aubanel à son ami Legré.

Bien que leur séjour eût eu lieu avant les désastres de Borny, de Gravelotte et de Saint-Privat (14, 16 et 18 août), les nouvelles de la guerre devenaient inquiétantes : d'autre part, l'atmosphère de la maison Mallarmé pouvait bien être, à ce moment-là, un peu pesante, Mme Mallarmé étant, comme on sait une Allemande des pays rhénans.

Il se peut que Catulle Mendès et Judith Gautier aient quitté Avignon peu après le 8 août ; mais il semble que Villiers ne soit pas reparti aussi rapidement. Il avait eu à venir à Avignon une autre raison ; sa propre tante, Gabrielle Villiers de l'Isle-Adam, y était religieuse au Sacré-Cœur : et il alla certainement lui rendre visite comme on peut le déduire de cette lettre qu'il adressait à Mallarmé après son retour à Paris, au moment même où les nouvelles de la capitulation de Sedan devaient y parvenir.

[timbre de la poste : Paris, 3 sept. 70].

Mon cher Mallarmé,

Je n'ai que le temps de vous dire deux mauvaises nouvelles et de vous dire aussi qu'elles ne dureront pas.

La première est que par un concours de circonstances

assez inimaginable, je n'ai pas été payé encore au Constitutionnel.

La seconde c'est que Hérodiade *n'est pas encore parue et qu'Arène avait probablement lu le manuscrit. Mais elle paraîtra dans la prochaine livraison.*

Cher ami, je pense à vous, et avec tristesse; j'espère que tout ira bien dans très peu de jours, mais il faudra les attendre peut-être huit jours *; je compte sur des choses certaines. Paris ne sera pas assiégé d'ici longtemps et j'y attendrai l'issue du procès.*

J'écrirai ce soir à M*me Cancel pour la prévenir et à* M. Armand. *Positivement on donne ici jusqu'à des dix mille francs de dommages-intérêts pour moins que ce qui m'est arrivé. J'aurai la cicatrice toute ma vie et ma foi, j'étais déjà assez laid sans cela.*

Je vais écrire aussi à M. Delangle.

Mes parents vous remercient du fond du cœur ainsi que M*me Mallarmé. Le portrait de Geneviève a été trouvé ressemblant à votre photographie, cher ami.*

Je vous serre bien les deux mains; dans quatre ou cinq jours j'espère vous envoyer au moins la moitié de notre *argent, car, enfin, c'est désolant, j'ai pris mes précautions pour être payé d'avance, et ne fût-ce que cinquante francs, j'enverrai tout de suite comme vous n'en doutez pas.*

J'embrasse les deux mains de celle qui m'a donné avec vous une si bonne hospitalité et j'embrasse bien Vevchen.

Pourvu que je puisse revenir bientôt !

Votre

VILLIERS.

J'écrirai après-demain : n'oubliez pas d'aller voir ma
tante Gabrielle, vers le 6 ou le 8 : afin de ne pas laisser
passer trop de temps et parce qu'elle va entrer en retraite
le 22.
    *Paris est lugubre. Je n'ai pas encore vu Catulle. M*me *de*
Callias (1) *est ici avec des provisions pour le siège. Nous*
avons parlé de vous et de notre existence à Avignon. Puis
nous avons bu du punch où l'on avait mis, en ma faveur, « du
sucre du siège ».
    *Mes amitiés à M. et à M*me *Brunet* (2) *et à M. Aubanel.*

On ne sait rien par ailleurs de cet accident auquel cette
lettre fait allusion non plus que de Mme Cancel et de
M. Armand : peut-être ces nouvelles indications pour-
ront-elles contribuer à éclairer l'obscurité qui entoure
encore la plupart de ces années de la vie de l'auteur de
Claire Lenoir. La dernière phrase du post-scriptum semble
indiquer que si quelqu'un d'autre assista à la lecture
d'*Igitur* ce dut être Aubanel, et non pas Mistral comme le
donne à entendre Catulle Mendès.
    De ce séjour de Villiers de l'Isle-Adam chez Mallarmé
à Avignon, nous n'avons guère d'autre indication, sinon
celle-ci, toutefois, dans une page d'Henri de Régnier :

Mallarmé y reçut la visite de Villiers de l'Isle-Adam et il
racontait volontiers l'arrivée de cet hôte magnifique et sin-

_____

    (1) Nina de Villard, avec laquelle Mallarmé était lié depuis 1862
et chez qui Villiers fréquentait assidûment depuis qu'elle avait ouvert,
vers 1868, un salon où se réunissait la jeunesse littéraire et musicale.
    (2) Jean Brunet, l'un des poètes du Félibrige, dont la femme était
la marraine de Geneviève Mallarmé.

gulier qui promenait à travers la réalité son rêve obstiné et
vivait dans la perpétuelle illusion d'une gloire prochaine et de
richesses imaginaires.

...Villiers s'était mis en route pour Avignon avec un bagage
plutôt léger : une valise dans laquelle, au milieu de quelques
mouchoirs et de quelques paires de chaussettes, brinqueballait
une croix de Malte. Durant son séjour, il se trouva indisposé,
mais se refusa à tout autre remède qu'à celui auquel il avait
une exclusive confiance et qui consistait à demeurer assis sur
une table, les jambes pendantes et sans que les pieds tou-
chassent le parquet. Cela, disait-il, guérit de tout (1).

Mais l'œuvre de Villiers devait conserver de ce séjour
en Avignon quelques traces qui n'apparurent que fort
longtemps après, au cours de l'année 1887, lorsqu'il publia, dans le *Gil Blas*, *la Céleste Aventure* et l'*Agrément
inattendu* (2). C'est en Provence, « à près d'un kilomètre
d'Avignon », qu'il place l'aventure de « cette noble sainte
qui vient de s'endormir, à vingt-huit ans, supérieure d'un
ordre de Petites Sœurs, fondé par elle » : *la Céleste Aventure* se rattache visiblement à la visite rendue par Villiers à Avignon à sa tante la religieuse. Quant à l'*Agrément
inattendu*, c'est le très court récit de l'arrêt d'un voyageur
dans une auberge, « sur une route méridionale aux pou-
droiements embrasés sous le pesant soleil des canicules »
et dont le tenancier, par une trappe, le fait inopinément
descendre dans une grotte au bord d'un lac souterrain où
il se baigne. Ce simple récit qui n'est pourtant pas sans

(1) Henri de Régnier. *De mon temps*, p. 193 (un vol. Mercure de
France).
(2) Ces deux contes se trouvent dans le volume des *Histoires Insolites*, publié pour la première fois à la Librairie Moderne en 1888.

grandeur, ne serait-il pas la transposition symbolique du plaisir goûté dix-sept ans auparavant à retrouver à Avignon l'auteur d'Hérodiade : d'autant que ce récit est précisément dédié à Mallarmé et que les vers de La Fontaine :

> Je dirai : j'étais là ; telle chose m'advint
> Vous y croirez être vous-même !

n'ont pas dû être choisis, comme épigraphe, à la légère.

Ce furent alors les mois sombres de l'Année Terrible : Mallarmé n'en souhaita pas moins se rapprocher de Paris. Il semble avoir quitté Avignon à la fin de mai 1871, être allé installer, à Sens, sa femme qui attendait un nouvel enfant et être venu à Paris aider aux démarches que faisaient quelques-uns de ses amis pour lui obtenir une nouvelle affectation, ou une situation hors de l'enseignement. Au cours de l'été il passe une huitaine de jours à Londres ; en octobre, il est nommé professeur d'anglais au lycée Fontanes (Condorcet) et, en décembre, il s'installe définitivement avec les siens, 29, rue de Moscou : la seconde partie de sa vie commençait qui devait s'écouler à peu près entièrement à Paris.

L'existence de Villiers de l'Isle-Adam pendant les années qui suivirent immédiatement la guerre demeure encore absolument obscure. Il travaille à l'écart ; on sait que c'est le moment où il écrit *Axël*, dont la première partie paraît, d'octobre à décembre 1872, dans la *Renaissance littéraire et artistique*, la revue que vient de fonder Emile Blémont.

Que Mallarmé, après son établissement à Paris, ait noué des relations plus fréquentes et plus intimes avec Villiers de l'Isle-Adam, on en aura la preuve indubitable dans le tutoiement qu'à partir de cette époque les deux amis adoptent dans leur correspondance et dans le caractère de très amicale confiance — et de confidence même, — des trois lettres qu'on va lire.

Au mois d'août 1873, Stéphane Mallarmé était allé chercher en Bretagne l'air tonifiant de la mer : à Douarnenez, d'abord ; mais l'endroit ne l'ayant pas satisfait (1), il se transporta au Conquet, et c'est là que les deux premières lettres de Villiers lui parvinrent.

dimanche, 16 août 1873.

Mon cher Stéphane,

Tu m'as dit, il y a 15 jours que pour 70 francs par mois, on pouvait voir le bon vieux pays (2) ; se tremper dans la mer, et travailler là-bas.

J'ai appris de tes nouvelles par Benedictus et je sais que tu es là, comme coq en pâte, avec Heredia et des peintres.

Eh bien, j'arrive. Retiens-moi un trou quelconque : sinon, j'irai à Portrieux au couvent ; mais il vaudrait que j'arrivasse au milieu de vous tous ! Fais donc pour le mieux !

(1) Mallarmé n'avait pas trouvé Douarnenez à son goût, et le 21 octobre 1873, José Maria de Heredia écrivait à un ami : « Ne croyez pas un mot de ce que Mallarmé à pu vous dire de Douarnenez : c'est un esprit trop exquis pour savoir jouir de la vie et de la nature » (J. M. de Heredia, par Miodrag Ibrovac. *Les Presses Universitaires*, Paris, 1923).

(2) « Le bon vieux pays », Villiers entend par là, prenant la partie pour le tout, sa Bretagne natale. Les peintres devaient être Lansyer et Jules Breton.

Serre la main de Hérédia, regarde attentivement le soleil couchant de jeudi soir, j'y apparaîtrai, dans le bateau de Paimpol.

A toi cordialement,

VILLIERS...

lundi [17 août 1873] (1).

Mon cher Stéphane,

Je ne sais si ma première lettre te parviendra, mais voici la sérieuse.

Ne me retiens pas de chambre. *Je ne peux pas partir comme je l'aurais voulu. Ecris-moi rue Clairaut, n° 10 à Batignolles (un mot, vite, je t'en prie) pour que je sache si* mes lettres te parviennent, *parce que je vais t'en écrire une toute particulière : écris-moi vite*, je t'en prie.

(Important !) Ne parle à personne, à personne n'est-ce pas ! de mes lettres, ni de ce que je t'écris et t'écrirai.

Il s'agit d'une femme qui a la charmante toquade de me poursuivre et que je tiens à dépister !... Et d'autres choses !

Je t'ai écrit ma première lettre devant elle : *voilà pourquoi.*

Mais pas un mot, surtout aux amis, *car les amis, les autres, m'embêtent.* Je compte bien *là-dessus.*

Ton

VILLIERS.

(1) L'enveloppe adressée : Monsieur Stéphane Mallarmé, à Douarnenez (Finistère) a été réexpédiée « Hôtel du Finistère », le Conquet.

Et donne-moi une adresse moins sommaire et bien précise, parce que je t'écrirai de Londres. Ne me crois pas fou du tout !

La lettre annoncée comme devant venir de Londres n'était pas une de ces irréalisables intentions dont la vie de Villiers était pavée : elle vint en effet, mais ce ne fut que cinq mois plus tard environ : cette aventure sentimentale occupa Villiers plus que ne l'avaient pensé jusqu'alors ses biographes et nul n'en pourrait donner un aperçu plus romanesque que ne le fit pour Mallarmé celui qui en fut à la fois le héros et la victime.

[sans enveloppe].

Londres, lundi 5 january 1874 (1).

Dearling [sic] *Stéphane,*

Je viens t'embrasser et te souhaiter la bonne année ainsi qu'à ma bien excellente amie Mme Mallarmé, puis à Miss Geneviève et à little boy Anatole.

Je suis parti si précipitamment sur une lettre de ma chère R qu'il m'a fallu recourir au Directory pour avoir l'adresse de Payne dans Bryanstone. — Quel aimable esprit, quel bon accueil, et quel bon conseil !...) — Il était tout surpris de ma transfiguration.

(1) Nous avons retrouvé l'original de cette lettre déchiré en deux : peut-être le premier mouvement de Mallarmé avait-il été de la détruire par discrétion : un second mouvement l'aurait alors retenu devant un témoignage si purement candide de la puissance d'imagination et de la chaleur de cœur de Villiers.

Si tu me voyais aujourd'hui, cher Mallarmé, tu t'écrierais peut-être: Aoh! that is the most elegant and lovely gentleman I never knew. It is possible that it was poor fellow called Villiers? Aoh! very strange! very curious, indeed! etc...

— Tu vois que tes livres sont tombés dans de douces mains (absentes ce soir, mais pour peu de temps, je l'espère!) et que j'ai eu quelque professeur merveilleux. J'aime beaucoup l'anglais, une fois les deux verbes bien nettement appris, ce n'est plus qu'une question de mémoire de mots et de prononciation. — Or, la nécessité brûlante fait surmonter bien des obstacles et je me fais déjà très bien comprendre partout.

Je pourrais déjà, presque, t'écrire en anglais toute ma lettre, mais il me serait difficile, même en français, de te dire, exactement, les circonstances singulières où je me trouve. Il était écrit que l'action la plus positive de mon existence serait l'aventure la plus romanesque, dans toute l'acception du terme, qui pouvait m'arriver: et cela en Angleterre en plein XIX⁰ siècle. Cependant, ce pays n'a rien de romanesque, — oh! not bit romantic! — et il fallait que moi, le Rêve, j'y devinsse l'Action même! — Tiens, mon cher ami, juge: j'arrive de Newcastle. J'ai fait deux cents lieues pour regagner une heure perdue! A deux heures, je serai à l'ambassade, à trois heures et demie chez le consul, à cinq heures dans le Brompton où je dîne: à sept heures dans Half Moon street (c'est dans Piccadilly) — à huit heures et demie à la gare (Euston Station), à neuf heures, je dormirai dans mon wagon jusqu'à six heures du matin, c'est-à-dire Newcastle où je me réveillerai, à 196 milles d'ici. — Voilà. Il ne s'agit que de vouloir, avec calme et méthode, et je commence, un peu.

Cher Mallarmé, j'aime bien tard et c'est la première fois de ma vie que j'aime. Puis-je comparer ce qui est incomparable ? J'aime un Ange comme il n'y en a positivement pas deux sous le soleil ! C'est le dernier, mon cher, après celui-là, on pourra tirer l'échelle de Jacob ! J'aime ma seule femme possible. Ses millions, c'est fort bien, c'est très heureux et splendide, mais ce n'est plus ça du tout. Il est tout naturel qu'une étoile ait des rayons, c'est admirable : mais l'étoile est une terre céleste, aussi, indépendamment de l'atmosphère qui la fait briller.

R m'appelle son own, own Auguste toute la journée, et elle a bien raison. Dans Hyde park, au Crystal Palace, à Drury lane, où l'on jouait don Juan, *je n'ai rien vu. Elle était là, voilà tout. Vas-tu assez te moquer de ces effusions passionnées, mon cher et bien cher ami ? Cependant tout est loin d'être fini. Oui, c'est comme cela, et je n'ai pas de temps à donner à l'angoisse mortelle. Il faut que j'attende la* Loi. *Tu connais les Anglais. Ici tout est régulier (comme un peu partout d'ailleurs, je commence à m'en apercevoir). J'ai affaire à un homme glacé. Tiens, le croirais-tu ? il veut l'*enfermer *et la marier de force à quelqu'un qu'elle ne peut souffrir. Quand elle sera libre, par la* Loi, *nous attendrons tout bonnement un soir sombre, et je l'enlèverai dans le brouillard. Nous en sommes convenus, R et moi, d'ailleurs, c'est la mode anglaise. Ici, c'est le* seul *projet pratique. Le reste alors sera bientôt fait et mes précautions sont prises. Je te recommande de garder ceci pour toi.*

*Dis que je suis parti avec de vagues idées de mariage et de successions en Belgique dans la tête, comme toujours. Serre la main de Catulle, de Judith, d'Augusta, de Marras et de Dierx pour moi. Un bon souvenir cordial à M*ᵐᵉ *de Callias*

*et à sa mère qui sont de charmantes femmes, — N'écris pas
à Payne à mon sujet, voici pourquoi : il m'a dit qu'il était
bon d'être discret envers tout le monde avant la fin de cette
affaire surtout en ce qui le concernait. — Il a dû t'écrire,
d'ailleurs.*

*Je t'écrirai d'Irlande, de Dublin même : — à moins que
je ne sois dans la nécessité de revenir cinq ou six jours à
Paris, ce qui est possible : — tu peux adresser tes lettres
jusqu'à* vendredi *Grosvenor Hotel, Victoria Station, à
M. le Comte de* Villiers *seulement. Je passerai la prendre
à mon retour jeudi. Ne donne mon adresse à personne au
monde.*

Ton

Villiers.

Ce voyage à Londres, dont tous les biographes de Villiers
de l'Isle-Adam n'ont pu jusqu'ici parler qu'en termes
vagues et en le plaçant généralement à une date plus tar-
dive (1) eut bien lieu, on le voit, et pour des raisons ma-
trimoniales. Comme devait l'écrire Mallarmé lui-même,
plus tard : « Courses, débats, il vouait à cette obscure
poursuite la même intelligence âpre et princière qu'à la

---

(1) « Ce besoin de distractions, de dérivatifs, amena Villiers à entre-
prendre ce bizarre voyage en Angleterre... L'extraordinaire voyage
en Angleterre qu'il entreprit en 1880, accompagné d'un agent matri-
monial » (E. de Rougemont, *Villiers de l'Isle-Adam.* Mercure de
France, 1910). « N'était-il pas allé une fois jusqu'au fond de l'Écosse
à la recherche d'une fiancée que lui avait indiquée une agence matri-
moniale » (Henri de Régnier, *De mon temps*, p. 193, un vol., Mercure
de France, 1933).

recherche de l'idée elle-même » (1). Henry Roujon, entre autres, a déclaré à ce sujet :

Une tradition veut qu'il ait vogué jusqu'à Londres sous la conduite d'un marieur de profession... Il parvint à découvrir dans la ville la moins poétique un sollicitor qui faisait des vers. Le jurisconsulte, amant des Muses, le rapatria à titre de confrère (2).

La « tradition », on le voit, avait une base véritable : quant au jurisconsulte en question, il n'eut pas à le rapatrier et Villiers de l'Isle-Adam n'eut aucune peine à le découvrir, car il était, depuis quelques temps déjà, fort ami de Théodore de Banville et de Mallarmé.

John Payne, occupé chez un sollicitor de Londres, nourrissait un goût des plus vifs pour la poésie, et particulièrement pour la poésie française dont il devait par la suite publier quatre volumes de traductions diverses.

A l'annonce du prochain voyage de Villiers de l'Isle-Adam à Londres, Mallarmé en avait avisé John Payne. Dans une lettre du 30 octobre 1873, celui-ci lui répondait : « J'attends toujours ce charmant garçon de Villiers », et deux mois plus tard : « Je viens de voir ce bon Villiers et nous avons causé longuement de ses affaires. » Le voyageur énamouré ne se borna pas à une seule visite : les avis du juriste lui étaient précieux dans sa situation. A la fin de février pourtant, John Payne s'étonne de sa disparition et écrit à Mallarmé :

(1) Stéphane Mallarmé. *Villiers de l'Isle—Adam* (Lacomblez, 1892, p. 15).
(2) Henri Roujon. *La Galerie des Bustes* (Hachette, un vol., p. 111).

Et Villiers ? je ne l'ai vu que deux fois : il semble avoir disparu et je ne sais pas son adresse.

Enfin, une lettre du 4 mars montre que John Payne a appris par Mallarmé lui-même la brusque fin de cette aventure.

Les nouvelles de Villiers ne font naturellement qu'augmenter ma propre tristesse. Mais comment cela s'est-il passé ? Je n'en sais rien. Je crains (comme je l'ai toujours craint) que le malencontreux résultat vint de la faute de la jeune fille, une jeune personne assez hystérique et *poseuse*. Je me suis bien gardé d'en toucher un mot à Villiers, mais je crois qu'il s'était aperçu de mon opinion à cet égard. Je te prie de lui serrer la main (à Villiers) de ma part et de lui dire la sympathie que je lui porte et le souvenir charmant des quelques heures qu'il a passées chez moi (1).

Quelques jours après cette lettre de John Payne, la publication, dans les numéros des 22 et 29 mars de la *Renaissance littéraire*, de « la Machine à gloire » attestait de nouveau l'amitié de Villiers : ce conte était dédié à Stéphane Mallarmé.

Les cadres anglais de certains de ses contes des *Histoires*

_____

(1) Lettres inédites de John Payne à Stéphane Mallarmé, des 30 octobre, 30 décembre 1873, des 28 février et 4 mars 1874 (archives Mallarmé). Ces lettres sont en français.

Le 1er janvier 1874, John Payne adressait à Villiers de l'Isle-Adam ce billet qui m'a été communiqué par M. Fabius :

« Mon cher ami, Je ne serai pas chez moi ce soir : donc, si cela ne vous dérange pas, à demain soir, n'est-ce pas ? J'écris à la hâte. Tous mes vœux. Tout à vous. »

JOHN PAYNE.

insolites et de *l'Amour Suprême* : « l'Héroïsme du Docteur Hallidonhill » ; « les Phantasmes de M. Redoux » ; « le Sadisme anglais » ; « les Expériences du Dr Crookes » ont probablement profité de ce séjour de Villiers en Angleterre. On peut même se demander s'il n'y a pas dans l'Alicia de l'*Eve future* un souvenir de cette passion de 1874.

C'est de cette époque également que date la rencontre que George Moore me raconta à plusieurs reprises et qu'il a rapportée ainsi dans un des chapitres de son livre *Avowals*.

Le *Rat mort*, le café proche de la Nouvelle-Athènes, était renommé dans le quartier pour sa soupe à l'oignon, aussi nous nous y rendîmes Bernard Lopez et moi, et nous en avions à peine franchi le seuil que Lopez se précipita, de sa démarche un peu trébuchante, pour tendre sa petite main potelée à un homme en train d'écrire un livre près de lui. Je maudissais cette malchance, prévoyant que cette rencontre allait détourner la conversation du sujet qui m'intéressait. Aussi, par un mouvement de mauvaise humeur, laissai-je Bernard Lopez s'entretenir avec cette connaissance, et prétendis m'intéresser à une femme qui était en train de boire de la bière en face de nous, de l'autre côté du café, jusqu'à ce qu'un homme vint s'asseoir près d'elle. Comme je ne pouvais légitimement plus prétexter le moindre intérêt à son égard, mon regard se tourna avec une attention quelque peu hostile vers cet ami de Bernard Lopez, un homme dont la tête ronde, les yeux proéminents m'agaçaient tout autant que ses mains blanches et nerveuses qui s'efforçaient sans cesse de remettre en ordre son col de chemise, la boutonnière étant hors d'état de retenir le bouton. Le fait que cet homme portât un titre : « Monsieur le comte Villiers de l'Isle-Adam » ne m'attira pas davantage vers lui et Villiers ne fit pas aisément ma conquête, car sa

conversation décousue m'irrita tout autant que son appa-
rence : mon aversion était sur le point de se changer en haine
quand il se mit à me citer le *Paradis Perdu*, poème, que
j'ignorais alors ; et comme je n'étais guère d'humeur à entrer dans la voie des aveux à ce moment, je pris le parti de
dissimuler mon ignorance de ce poème à Bernard Lopez et à
Villiers en invoquant comme excuse la mauvaise prononciation
de ce dernier.

Brusquement : « Il faut que vous connaissiez Mallarmé,
me déclara Villiers. Il reçoit le mardi soir rue de Rome.» —
« Mais qui est Mallarmé ? demandais-je, et en apprenant que
c'était un homme de lettres et un poète, mon humeur s'apaisa,
et je ne dissimulai pas mon désir de faire sa connaissance.
« Garçon, donnez-moi de quoi écrire ! » s'écria Villiers et je le
vis tracer cinq ou six lignes sur le mince papier habituel des
cafés, presque du papier à cigarettes, songeant peu que ces
cinq ou six lignes étaient chargées du poids de ma destinée (1).

Outre l'amitié de Mallarmé lui-même dont il devint
un visiteur fidèle à une époque où les « mardis » n'étaient
guère encore achalandés, George Moore dut, en effet, à
cette rencontre d'être introduit par Mallarmé chez Manet
dont l'influence fut assurément la plus considérable et la
plus féconde de toutes celles qui devaient s'exercer sur
ce jeune écrivain anglais à l'aurore de sa carrière.

Au début de septembre 1874, Mallarmé, sous le pseudonyme de Marasquin, faisait paraître un journal d'élé-
gances féminines, *la Dernière Mode*. Bien qu'il se ré-
servât de le rédiger presque entièrement et anonymement,
il fit place, dans chaque numéro, à des poèmes ou à des

(1) George Moore, *Avowals*. William Heinemann, Londres, 1924,
page 260.

nouvelles qui furent tour à tour de Théodore de Banville, Léon Valade, François Coppée, Sully Prud'homme, Alphonse Daudet, Ernest d'Hervilly, Catulle Mendès, Emmanuel des Essarts, Léon Cladel, Augusta Holmès. Dès le premier numéro, le nom de Villiers de l'Isle-Adam figure dans la liste des collaborateurs ; mais *la Dernière Mode* mourut avec son huitième numéro sans avoir rien publié de lui (1). Peut-être Mallarmé, à cette époque, ne put-il l'atteindre : comme il devait l'écrire plus tard :

> Villiers habita, à Paris, une haute ruine inexistant, avec l'œil sur le coucher héraldique du soleil (nul ne le visita) : et en descendait à ses moments, pour aller, venir, et ne s'y différencier de l'agitation qu'à la vue d'un visage deviné ou connu (2).

Ses apparitions, dès cette époque, étaient brusques, surprenantes et fugaces : et pourtant la part qu'il prenait, de temps à autre, aux réunions de jeunes écrivains, vers 1875, nous apparaît dans cette lettre inédite d'un ami, Louis de Gramont, qui, l'année suivante, devenu le secrétaire d'une revue hebdomadaire, *le Spectateur*, y publia plusieurs des futurs *Contes cruels*.

Paris, 1875 [28 avril].

Il est donc vrai, mon bon Villiers, *tu as fui les soucis de la ville et contre eux la campagne est ton unique asile* (!!!). D'aucuns

---

(1) *La Dernière Mode* parut bi-mensuellement du 6 septembre au 20 décembre 1874.
(2) Stéphane Mallarmé. *Villiers de l'Isle-Adam*, éd. Lacomblez, page 12.

niaient opiniâtrement la vraisemblance du départ annoncé par toi, mais force leur est à présent de confesser qu'ils ont eu tort, et grandement, d'être incrédules. Tu n'es plus « dans nos murs », et, sur mon âme, j'en suis marri. Les mercredis de Catulle vont me sembler navrants sans toi : et la maison de Nina perd les trois-quarts, pour ne pas dire les cinq septièmes de ses charmes. Et pour Satin, *le chien hasardeux*, ton absence, quelle tristesse ! !

Au moins, mets-le bien à profit, ce séjour *extra muros* qui nous coûtera tant d'amers regrets : rapporte de ton voyage un drame altier, poignant, terrible et bouffon, où le grotesque coudoie l'effrayant, où l'épouvantable s'amalgame avec le risible, où des personnages tour à tour lyriques et prosaïques s'expriment dans un style plein d'éblouissements, jusqu'à ce jour inconnus au théâtre ; un drame enfin qui coupe à jamais *le sifflet*, — c'est le mot, — aux impuissants et aux envieux. Parti *Villiers*, reviens *Shakespeare*. Tous, peut-être, n'en seront pas ravis ; mais quant à moi, j'ingurgiterai du lait, et cela me suffit.

Nous te serons grats, — *ut ait* Bonhomet, doctor seraphicus ! — de nous adresser de fréquentes épistoles. J'ai ouï dire qu'une fois déjà tu avais écrit, et qu'à la fin de ta lettre tu avais mis un mot pour moi. Je t'en remercie cordialement ; mais n'oublie pas de recommander à tes correspondants de me communiquer, si possible, tes missives souhaitées.

De nouvelles, point. Je ne sais rien de bien intéressant. Catulle prétend qu'il va lâcher le concours Michaelis. Je n'en crois pas un mot. Et toi ? A propos de Michaelis, as-tu vu son programme ? Il est prodigieusement bête, et m'a donné quelques nausées. Enfin !

La renommée affirme que d'Herpent a reparu sur nos boulevards plus sémillant et plus flambant que jamais. Du reste, tu dois avoir de ses nouvelles par ton hôte.

Le seul événement considérable du jour est un changement

dans la manière de Sarcey, il vise au style. Le résultat de ses efforts est remarquable.

Sur ce, rappelle-moi au souvenir de Gantès, serre-lui la main de ma part et crois-moi

Ton sincère et dévoué ami.

LOUIS DE GRAMONT.

L'année suivante, Robert du Pontavice retrouvait à Paris son cousin Villiers de l'Isle-Adam engagé dans le procès Perrinet-Leclerc pour défendre la mémoire de son aïeul, le grand-maître de Malte : il l'attira à Bordeaux où Villiers fit un assez long séjour ; puis ce furent des retours furtifs à Paris où il donnait comme adresse, soit celle de ses parents, 46 avenue Malakoff, ou celle d'un hôtel meublé de la rue des Martyrs. On le vit peu. Ce fut le moment du *Nouveau Monde* et de là naissance de son fils. Et Mallarmé lui-même semble l'avoir peu vu vers 1880 ; mais, dans les événements graves et pénibles de sa vie, Villiers de l'Isle-Adam reportait volontiers sa pensée vers l'ami fidèle et discret de la rue de Rome. Témoin cette lettre :

13 avril 1882.

Mon cher Mallarmé,

Ma pauvre mère est morte. Elle n'a pas beaucoup souffert. Presque subitement.

Je te serre bien la main.

VILLIERS.

*Je n'ai eu besoin d'aucun argent. Je ne t'invite pas à
venir. Tu sais bien comment nous sommes, nous des gens
tout seuls, mais le cœur y est.*

Je suis, 38, rue de Bruxelles. Envoie-moi un mot (1).

Cette mort vint ajouter encore aux infortunes de l'écrivain : son père, maniaque de l'illusion et toujours à la
veille de s'assurer une fortune prodigieuse, n'a plus pour
le surveiller sa femme douce et silencieuse, mais atten-
tive. Au milieu des difficultés matérielles et morales
de sa vie. Villiers de l'Isle-Adam se retranche dans le
travail, il avance la composition d'*Axël*, achève les *Contes
Cruels*. Depuis quelque temps déjà, il n'avait guère dû
donner signe de vie, ni se laisser voir : il y paraît dans la

(1) Marie-Francine Le Nepvou de Carfort, marquise de Villiers de
l'Isle-Adam, mère de l'écrivain, était morte la veille, à Paris, rue
Saint-Roch, en sa soixante-douzième année (relevé sur la lettre de
faire-part).

L'enveloppe de la lettre montre que Mallarmé était alors à Valvins.
(archives Mallarmé).

Cette lettre, dont l'original se trouve dans la collection Henri
Mondor, a trait évidemment au recueil des *Contes Cruels* publié le
9 février 1883 chez Calmann Lévy et où se trouve l'*Annonciateur* ainsi
que *La Machine à gloire* dédié à *Monsieur Stéphane Mallarmé* : ce conte
avait paru pour la première fois dans les numéros des 22 et 29 mars
1875 de la *Renaissance littéraire et artistique*. Villiers de l'Isle-Adam ne
se départit jamais dans ses dédicaces imprimées de cette courtoisie
cérémonieuse même à l'égard de ses plus intimes amis et dans les
Histoires Insolites (Librairie moderne, 1888), *L'Agrément inattendu* est
également dédié à *Monsieur Stéphane Mallarmé*. On peut rapprocher
de ce témoignage de Mallarmé celui de Jules Laforgue qui, un mois
auparavant, écrivait à son ami Charles Henry : « Mon ami le pianiste
[Théo Ysaye] et moi sommes fous des *Contes* de Villiers de l'Isle-Adam
et des quelques vers sous le titre *Conte d'Amour* » (Berlin, 26 février
1883. Cf. *Œuvres Complètes de Jules Laforgue*, tome V, p. 11, Mercure
de France).

lettre où Mallarmé le remercie de l'envoi des *Contes Cruels*, lettre toute chargée d'affection admirative, l'une des plus belles qu'un écrivain ait jamais adressée à l'un de ses pairs et dans laquelle se révèle une communion rare de pensée et de cœur.

Paris, 87, rue de Rome.

Noir et cher scélérat,

A toute heure, je lis les Contes, depuis bien des jours ; j'ai bu le philtre goutte à goutte. Je ne peux pas ne pas céder à la joie de t'envoyer, où que tu sois, un serrement de mains, — du fond des années, — qui t'arrivera peut-être. Ce livre, si poignant parce qu'on songe qu'il représente le sacrifice d'une vie à toutes les Noblesses, vaut bien, va (et ce n'est pas une évaluation médiocre) tant de tristesses, la solitude, les déboires, et les maux pour toi inventés. Tu as mis en cette œuvre une somme de Beauté, extraordinaire. La langue vraiment d'un dieu partout ! Plusieurs des nouvelles sont d'une poésie inouïe et que personne n'atteindra : toutes, étonnantes. Et cet Annonciateur *qui me fait tant rêver pour savoir si ce n'est pas le plus beau morceau littéraire dont je garde la mémoire... On ne peut rien te dire, tu ris.*

Ah ! mon vieux Villiers, je t'admire ! Monsieur *Stéphane Mallarmé te remercie spécialement.*

Au revoir.

S. M.

Mardi 20 mars [1883].

On commence vers ce temps-là à associer ces deux écrivains exceptionnels ; l'un des premiers témoignages semble bien en être celui qui paraît dans le numéro du samedi 17 mars 1883 de la *Vie Moderne*, où Fourcauld, critique théâtral de cette revue, disait à propos de la représentation du « Nouveau Monde », qui avait eu lieu le 19 février précédent, au Théâtre des Nations :

M. Villiers de l'Isle-Adam est l'un des derniers-nés du romantisme. C'est un esprit illuminé aux visées hautes, porté à ne voir dans les choses que des figures et des symboles, enclin surtout à considérer les mots comme des clefs mystérieuses du monde surnaturel, si dégagé enfin des entraves matérielles qu'elles semblent, pour lui, n'exister qu'à peine... Je ne connais que M. Stéphane Mallarmé pour avoir poussé plus loin cet hermétisme littéraire, tendant à susciter dans l'esprit du lecteur de perpétuels mirages de pensées et d'impressions, au moyen de vocables ambigus, de tours cabalistiques, et d'accords de syllabes plus appropriés encore à l'ambiance du sujet qu'au sujet lui-même (1).

Cette notoriété restreinte et semblable resserre les liens d'amitié entre les deux hommes : quelques billets attestent qu'ils se rencontraient. De temps à autre, Villiers apparaissait à l'un de ces « mardis » de la rue de Rome qui commen-

---

(1) Leurs noms se retrouvent associés, peu après, dans une autre lettre de Jules Laforgue à Charles Henry. « Villiers et Mallarmé devraient bien publier ce qu'assurément ils ont de vers dans leurs papiers » (Berlin [juin 1884]).

çaient tout justement à attirer la déférence et l'admiration de jeunes poètes. En dépit de la modicité de son
traitement, Mallarmé, de temps à autre, lui venait en
aide par quelque avance d'argent.

[timbre de la poste : 30 déc. 83].

Mon cher ami,

*Je viendrai te voir demain au soir, dimanche, te rapporter
l'argent pour le monsieur. Je ne parais pas demain au
Figaro, attendu que je n'ai pas fini de corriger.*

Ton ami,

Villiers.

*Avant 9 heures. Ne m'attends pas après. Ce serait pour
après-demain.*

*Je t'enverrai le Monde militaire; la scène d'Axel n'est
vraiment pas mal. Ça t'amusera.*

*Embrasse pour moi, pour le nouvel an, ta femme et ta fille:
j'apporterai, tout de même, des bonbons (1).*

Le surlendemain Villiers précise et rectifie :

1ᵉʳ janvier 1884.

Mon cher ami,

*J'étais un peu parti quand je t'ai écrit avant-hier: j'avais
bu beaucoup de bière anglaise et je ne sais trop ce que je
t'ai écrit.*

(1) Archives Mallarmé.

Aujourd'hui, je viens m'acquitter, — d'abord du grand service de l'autre jour.

Je te souhaite la bonne année ainsi qu'à ta femme et à ta fille et je t'embrasse de cœur.

Ma pauvreté qui commence à m'amuser par sa durée insolite, ne me permet de t'offrir pour étrennes que quelques bons mots, quelques répliques heureuses, que je vais mettre de côté pour quand j'irai te voir, ces jours-ci.

Et comme nous ne sommes pas de ceux qui ont besoin d'encouragements, je me borne à ces quelques lignes, mon bon et cher ami.

Ton

VILLIERS.

On ne sait à quelle lecture, publique ou privée, fait allusion cet autre billet que, deux mois plus tard, Villiers adresse à Mallarmé :

[timbre de la poste : 27 février 84].

Mon cher ami,
En toute hâte voici tes billets.

Ta main :

VILLIERS.

Je lirai deux contes. Le reste dépendra. Tout ira bien (1).

A ce moment et malgré la publication des *Contes Cruels*, la seule porte ouverte à Villiers dans la Presse est celle du

(1) Archives Mallarmé, — ainsi que la lettre précédente.

Figaro: il y donne quelques-uns des contes qui feront partie plus tard de l'*Amour Suprême* et des *Histoires Insolites;* les difficultés matérielles qui le harcèlent et qu'il dissimule de son mieux lui font souhaiter une collaboration plus régulière, et ayant entendu dire que le feuilleton théâtral de la *Patrie* est devenu vacant, il s'empresse d'écrire à Mme Méry Laurent qui lui a déjà, par l'intermédiraire de Mallarmé, marqué de l'admiration et de l'intérêt :

Dire que si, en votre qualité d'ange, vous vouliez, seulement, remuer le bout de votre petit doigt, vous forceriez, tout bonnement, — en dépit de la niaiserie et de l'injustice des objections possibles, — l'héritage du feuilleton théâtral de la *Patrie* à tomber entre mes mains capables et légitimes. Dire que ce serait une bonne affaire pour ce journal, et vous devez bien comprendre, ma chère amie, ce que ce serait pour votre ami... (1).

Mais la malchance qui ne cesse de poursuivre Villiers ne permit pas à Mme Méry Laurent de lui faire donner satisfaction, et c'est Mallarmé qui se fait, dès le lendemain, le porte-parole des regrets de leur amie et des siens :

Paris 13 mars [1884].

Mon bon vieux,

Tu viens bien tard: quel malheur que tu n'aies pas exprimé ce souhait il y a longtemps!

(1) Catalogue Pierre Bérès. Paris, 3 mars 1938.

Je te dirai pourtant, afin que tu n'aies point de regrets inutiles que le feuilleton était d'avance cédé au nommé Becque, un ami de Coppée; mais (ne va pas concevoir d'espérances vraies) que Méry a écrit aujourd'hui même, dans le cas où l'arrangement viendrait à se défaire. Car elle est désolée du contretemps, t'aime bien et dit: « Mon Dieu! que n'y ai-je pensé plus tôt! »

Malade depuis hier, elle m'a demandé de te répondre, sachant bien que, comme l'aurait fait la sienne, ma lettre témoignerait d'un chagrin complet.

Au revoir: c'eût été si bien!

Ton

STÉPHANE M.

L'intérêt de Méry Laurent pour Villiers se marque encore dans cette autre lettre de Mallarmé écrite quatre mois plus tard : car, de toute évidence, c'est d'elle qu'il s'agit, et le coin charmant du Bois de Boulogne est la petite maison du boulevard Lannes, « les Talus », où elle passait chaque année la belle saison.

89, rue de Rome.

Vieux,

J'ai sonné chez toi, ce matin, c'était pour te dire qu'une dame, qui s'informe souvent de toi, te voulait voir, avant d'aller aux eaux. Voici ce que nous avons arrangé: viens chez moi demain jeudi avant quatre heures (je t'attendrai jusqu'au dernier coup de l'horloge). Et je t'emmène dîner dans un coin charmant du Bois de Boulogne. Ne va pas manquer parce qu'on t'en voudrait, moi, le premier. Nous nous voyons vraiment par trop peu, Monsieur le Comte.

Ton

STÉPHANE MALLARMÉ.

Mercredi 9 juillet [1884] (1).

Cette même année 1884, paraissaient successivement la première série des *Poètes Maudits* de Verlaine et l'*A Rebours* de Huysmans, qui, l'un et l'autre, attirèrent l'attention de la jeunesse littéraire sur Stéphane Mallarmé. Le héros singulier de Huysmans réunissait dans une même prédilection raffinée l'auteur des *Contes Cruels* et celui de l'*Après-Midi d'un Faune* : déjà Verlaine songeait aussi à les réunir au nombre des *Poètes Maudits*, mais quatre ans plus tard seulement l'éloge de Villiers vint se joindre à celui de Mallarmé. Toutefois, dès le milieu de 1885, Verlaine, qui venait de liquider les derniers vestiges de ses malencontreuses tentatives agricoles à Coulommes en Ardennes, rentrait à Paris et s'entendait avec l'éditeur Vanier pour la publication d'une série de courtes biographies sous le titre de *Les Hommes d'Aujourd'hui*. C'était pour lui l'occasion de parler de ses anciens amis du Parnasse et d'ailleurs : et, des premiers, il s'enquit auprès de Mallarmé de quelques indications biographiques propres à la rédaction d'une notice. L'amitié de Mallarmé et de Villiers était assez notoire pour que, désireux de

---

(1) Ces deux lettres relevées sur les manuscrits de la collection Henri Mondor.

publier également une notice sur celui-ci, Verlaine s'adressât, pour quelques éclaircissements, à Mallarmé qui lui répondit par cette longue lettre du 16 novembre 1885, éditée par la suite en fac-simile (1) et qui débute par ces lignes relatives à Villiers :

Mon cher Verlaine,

Je suis en retard avec vous parce que j'ai recherché ce que j'avais prêté, un peu de côté et d'autre, au diable, de l'œuvre inédite de Villiers. Ci-joint le presque rien que je possède. Mais des renseignements précis sur ce cher et vieux fugace, je n'en ai pas : son adresse même je l'ignore. Nos deux mains se retrouvent l'une dans l'autre, comme desserrées de la veille, au détour d'une rue, tous les ans, parce qu'il existe un Dieu. A part cela, il serait exact aux rendez-vous, et le jour où, pour les *Hommes d'Aujourd'hui* aussi bien que pour les *Poètes Maudits*, vous voudrez, allant curieux le rencontrer chez Vanier, avec qui il va être en affaires pour la publication d'*Axël*, nul doute, je le connais, aucun doute, qu'il ne soit là à l'heure dite. Littérairement, personne de plus ponctuel que

(1) Cette lettre de Mallarmé à Verlaine a paru en 1924 en une plaquette intitulée : *Autobiographie*, chez l'éditeur Messein, à Paris. Verlaine écrivait à Mallarmé de Paris, le 10 nov. 1885, de son lit : « où rhumatisé depuis 2 mois (au genou) et *usque quo* » pour lui demander des renseignements, dates de naissance, famille, etc., et ajoutait : « Mêmes détails sur Villiers. Vanier me dit que pourriez procurer livres. Prépareriez chez concierge à mon nom. On irait chercher 2 jours ou 1 après lettre vôtre, et r'auriez par même voie, dès travail pour *Poètes Maudits*, 2ᵉ série, terminé.

Beaucoup de renseignements pour Villiers homme du jour. Car écrire à lui !... »

L'édition de 1884 des *Poètes Maudits* ne contenait que les études sur Corbière, Rimbaud et Mallarmé. Ce ne fut que dans l'édition plus complète de 1888 que Verlaine y joignit celles sur Marceline Desbordes-Valmore, Villiers de l'Isle-Adam et lui-même.

lui. C'est donc à Vanier à obtenir d'abord son adresse de
M. Darzens qui l'a jusqu'ici représenté près de cet éditeur
gracieux.

Si rien de tout cela n'aboutissait, un jour, un mercredi notamment, j'irais vous trouver à la tombée de la nuit, et, en
causant, il nous viendrait à l'un comme à l'autre des détails
biographiques qui m'échappent aujourd'hûi : pas l'état-civil,
par exemple, dates, etc... que seul connaît l'homme en question.

Et Mallarmé, a ajouté, dans la marge, ceci qui montre
qu'il n'ignorait rien des publications, assez dispersées
pourtant, et espacées, de Villiers :

Le paquet de Villiers est chez le concierge : il va sans dire
que j'y tiens comme à mes prunelles ! C'est là ce qui ne se
trouve plus. Quant aux *Contes Cruels*, Vanier vous les aura :
Axël se publie dans la *Jeune France* et l'*Eve Future* dans la *Vie
Moderne* (1).

Au cours de ces pages où Mallarmé donne à Verlaine des
renseignements biographiques sur lui-même, il ajoute :

... Mes grandes amitiés ont été celles de Villiers, de Mendès,
et j'ai, dix ans, vu tous les jours mon cher Manet dont l'absence m'apparaît, aujourd'hui, invraisemblable (2).

Verlaine fit, très négligemment, cette notice et ne prit
visiblement pas la peine de rencontrer Villiers ni de lire

(1) A ce moment un morceau de *l'Eve Future* avait paru dans le
numéro du 18 juillet 1885 de *la Vie moderne*, et un d'*Axël* dans *la
Jeune France* du 1ᵉʳ novembre.
(2) Édouard Manet était mort le 30 avril 1883.

ses derniers ouvrages : il se contenta de coudre hâtive-
ment une analyse et quelques citations d'*Elēn* à quelques
brèves phrases sur *Morgane, Claire Lenoir* et les *Contes
Cruels*. Il faut d'ailleurs bien dire que si la notice sur Mallarmé est infiniment meilleure, c'est que le rédacteur des
Hommes d'Aujourd'hui y a simplement reproduit la plus
grande partie de la lettre même qu'il avait reçue de l'auteur d'*Hérodiade*.

Villiers de l'Isle-Adam n'a alors que quarante-sept ans,
mais il n'en a plus que quatre à vivre. La misère, les pri-
vations ont eu raison de sa nature robuste : la maladie
commence à faire dans son existence une apparition qui
ne tardera pas à devenir chronique ; et c'est le moment
même où Villiers commence tout justement à connaître
quelque succès, à trouver des éditeurs. Coup sur coup, il
publie l'*Eve Future, l'Amour Suprême* et *Akedysséril*.
Le *Gil Blas* et la *Revue Indépendante* lui ouvrent leurs
pages ; mais la maladie assez souvent l'arrête. Léon Bloy
qui le voit à ce moment le trouve malade d'une façon qui
l'épouvante (1). Mallarmé, en ces mois d'été, est dans sa
petite maison des bords de la Seine, près de Fontainebleau
et il ignore l'état de santé réel de son ami. Il souhaite d'ac-
cueillir à Valvins Villiers toujours fugace, mais celui-ci lui
répond en lui demandant l'adresse du docteur Robin, particulièrement pitoyable aux écrivains, ami de Mme Méry
Laurent, et qui nourrit pour Mallarmé une très vive estime. Le docteur Robin s'empressa de venir en aide à
Villiers comme le montreront les lettres suivantes :

(1) Lettres de Léon Bloy à Montchal, des 29 septembre, 25 octobre
et 27 décembre 1886, appartenant à M. Bollery et citées dans le *Villiers
de l'Isle-Adam*, de Max Daireaux.

Valvins par Avon (Seine-et-Marne),

Lundi [septembre 1886].

Vieux,

Je te défie de prendre l'omnibus Pigalle-Halle au Vin qui correspond au Louvre avec Saint-Philippe-du-Roule-Gare de Lyon ;

puis un billet aller et retour valable deux jours, prix six francs, pour Fontainebleau, train de midi ;

là, à la sortie de la gare, d'aviser une voiture à âne dans laquelle je t'attendrais,

et de m'accompagner à Valvins.

Quel jour de la semaine (excepté Vendredi, à cause d'un marché où vont ces dames), vite réponds ; si tu te souviens d'avoir promis cette joie.

J'embrasse Monsieur Totor (1) *et te serre, très anciennement, la main,*

Ton

Stéphane Mallarmé.

9 septembre 1886.

Mon cher Mallarmé,

Je souffre, sérieusement cette fois, d'une dilatation des bronches, à force d'avoir toussé. J'ai suivi le traitement de Piogey 15 jours ; rien.

Peux-tu m'envoyer par le courrier l'adresse du Dr Robin ?

---

(1) Le petit garçon, alors âgé de cinq ans, de Villiers de l'Isle-Adam. L'original de cette lettre figure dans la collection Henri Mondor.

Et un mot pour lui? Je paierai peu, 5 francs d'aller chez lui.
Et, si je peux, j'irai alors te voir après. Je lui donnerai
mes bouquins.

Ton

VILLIERS (1).

13, rue de Naples.

(Adresse: Monsieur le Comte Villiers de l'Isle-Adam,
13, rue de Naples
Paris)

[carte postale, timbre de la poste : *13 septembre 86*].

Valvins, lundi.

Vieux,

Va chez Robin, 4, rue de Saint-Pétersbourg, demain
mardi, vers une heure ou deux, jour de consultation: il
aura reçu ma lettre le matin même (ce qui était le mieux à
faire). Si jamais tu disposais d'un Akédysseril (2), cela
le ravirait... pour longtemps, quoique j'espère que le traite-
ment sera bref: car il est, de plus que lettré, grand collec-
tionneur. Sinon, une Eve future avec dédicace. Tu es bien
annoncé.

Ton

STÉPHANE M.

(1) Archives Mallarmé. — Un peu plus tard, dans les *Histoires In-*
solites, parues en 1888, Villiers dédia à *Monsièur le docteur Albert Robin*,
« Une Entrevue à Solesmes », et, dans les *Nouveaux Contes Cruels*, « le
Chant du Coq ».

(2) Il s'agit de la plaquette in-4° avec vignettes noires et rouges et
un frontispice de Félicien Rops, publiée au début de cette année 1886
chez de Brunhoff.

Tu sais que si tu ne viens pas la semaine prochaine (celle-ci étant toute au traitement), je t'abomine.
On embrasse Totor (1).

Valvins   par   Avon   (Seine-et-Marne).

vendredi [17 sept. 1886].

Mon bon vieux,

Voici la réponse du docteur Robin qui t'est tout acquis, mais n'est malheureusement pas à Paris. Je crois que tu peux attendre une quinzaine sans faire autre chose qu'être très sage, et ton traitement sérieusement entrepris va commencer aussitôt Octobre venu, à point pour les bronches. Abrège ce laps, toi, en nous donnant quelques instants; il faut me répondre quel jour de la semaine prochaine tu arrives par un train de midi, pour passer l'après-midi et la journée du lendemain que te donne un billet de retour, prix six francs. On te couchera, pas un sou à côté, détails toujours rassurants : et Marras voudra t'avoir à son tour (dans ce cas tu prendrais un billet simple). Médite et écris... vite. Au revoir, je songe que tu feras bien d'envoyer l'Eve Future à Robin pendant qu'il est à la campagne.

Ton

Stéphane Mallarmé.

Cette lettre est écrite sur le feuillet blanc de la lettre même du Dr Robin à Mallarmé qui est la suivante :

(1) Communiqué par M. Henri Mondor.

Le Castel, Dijon
Côte d'Or.

16 sept. 86.

Mon cher ami,

Je rentrerai à Paris le deux octobre. Pour plus de certitude, envoyez-moi Villiers de l'Isle-Adam le mardi 5 à deux heures, et comptez sur moi pour faire tout ce qui sera possible. Et ne craignez jamais d'user de moi : toute occasion de vous être agréable me fait un réel plaisir.

Votre tout dévoué,
Albert Robin (1).

La santé de Villiers de l'Isle-Adam se rétablit un peu, durant cet hiver : il se remet au travail avec un acharnement magnifique, et il va publier dans le cours des deux années suivantes la plus grande partie des contes qui formeront trois volumes. C'est de cette époque que date, selon toute vraisemblance, ce billet où l'on voit Villiers visiteur des « Mardis » de la rue de Rome.

Mon cher ami,

Je me suis vu mardi dernier dans la matérielle impossibilité non seulement de venir, mais de te prévenir, même que je ne venais pas : attendu que la chose n'est surgie qu'à 6 heures trois-quarts.

(1) Relevé sur les originaux dans la Collection Henri Mondor.

Je prie ta femme et ta fille d'attendre, en leur bonne amitié,
le récit rapide et très simple de l'aventure avant de me vouer
à toute inclémence. Dans la soirée de mardi, j'irai te l'offrir.

Ta main,

VILLIERS.

Dimanche (1).

Il rencontre enfin quelque encouragement : il voit des
directeurs de journaux et de revues désireux de publier
ce qu'il écrit, contes, chroniques, articles. Il songe aussitôt à en consacrer quelques-uns aux quelques rares amis
qui lui furent toujours fidèles.

Le 3 février 1887, prié par Huysmans de venir partager
le repas du dimanche soir, rue de Sèvres, où l'auteur
d'*A Rebours* réunissait quelques amis, Villiers de l'Isle-
Adam, en lui exprimant son regret de ne pouvoir accepter
cette invitation, invoque « l'obligation de trimer des anas
dramatiques dans le *Gil Blas* », et ajoute, dans un post-
scriptum : « Je compte écrire en plein *Gil Blas* quelques
articles plus ou moins vengeurs, — une série justicière à
tout casser de gouaillerie à la glace — sur Hello, Dierx
(qui le mérite) Mallarmé, Verlaine, vous et Lactance (qui
n'est nullement pâteux) » (2). Dessein amical qu'il ne réalisa pas. Pendant l'année 1887, à l'exception d'un séjour en
Belgique à l'automne, Villiers de l'Isle-Adam se consacre à
la mise au point de *Tribulat Bonhommet*, puis à celle des
Histoires Insolites. Quand ce dernier volume parut, Villiers

(1) Archives Mallarmé.
(2) Article de M. Marcel Longuet, *Le Goéland*, 15 octobre 1937.

était en Belgique où il était allé assister à la représentation de l'*Evasion* à Bruxelles et faire des conférences. A
peine rentré il adressait à Mallarmé un exemplaire des
Histoires Insolites, avec ce billet :

> *Mon cher ami,*
>
> *Donc à mardi.*
> *Ci-joint un volume d'anecdotes plus ou moins distrayantes.*
>
> *A toi,*
>
> VILLIERS DE L'ISLE-ADAM.
>
> ce 14 mars 88 (1).

Dans ce recueil, outre la dédicace à Mallarmé du court
récit, *l'Agrément inattendu*, auquel on a fait précédemment
allusion, figurait, en guise d'épigraphe, pour ce conte
ironique : *le Jeu des Grâces*, les mots : « Oh ! cela n'empêche pas les sentiments ! » Stéphane Mallarmé (Entre-
tiens).

Villiers, au retour de Bruxelles, ne s'était pas contenté
d'envoyer à Mallarmé son nouveau recueil, il était allé le
voir pour partager avec lui ce regain de chaleur que lui
avaient apporté les manifestations de sympathie dont il
avait été l'objet pendant son séjour en Belgique.

Au cours d'un premier séjour à Bruxelles en novembre
1887. Villiers y avait été l'hôte de l'éditeur Deman, par
l'entremise d'Emile Verhaeren (2) : par cette même en-

(1) Archives Mallarmé. Villiers était rentré à Paris le 10 mars 1888.
Les *Histoires Insolites* avaient paru à la Librairie Moderne le 27 février.
(2) Dès 1886, Émile Verhaeren avait publié, anonymement, dans

tremise, Mallarmé était entré en relations de correspondance avec ce même éditeur belge. Au début de 1888
et à la date du 16 avril 1888, il lui écrivait : « Amitiés au
cher Verhaeren, et à Madame Deman de qui Villiers m'a
dit tant de bonnes et exceptionnelles choses » (1).

Des articles qu'il avait pensé consacrer à quelques écrivains qui lui étaient chers, Villiers semble n'avoir fait
paraître que celui qui a trait à Léon Dierx, et, par le moyen
détourné d'un souvenir plus général, celui de ces soirées
d'autrefois chez Nina de Villard, où il avait déployé sa
verve, dès 1868, et plus fréquemment encore, dans le petit
hôtel de la rue des Moines, durant les années qui avaient
suivi la guerre.

En même temps qu'il rendait hommage à Léon Dierx,
il rappelait les amis assidus de ces soirées, et Mallarmé
en tête, par une allusion à la fois plaisante et affectueuse.

Une Soirée chez Nina de Villard parut dans le *Gil Blas*
du 24 août 1888 : la lettre suivante montre quelle en fut
l'impression de Mallarmé alors absent de Paris.

dimanche, 2 septembre 1888.

Mon vieux,

*J'ai un peu erré tous ces temps, je me suis laissé attirer
jusqu'en Auvergne où Méry prend les eaux et c'est elle qui*

l'*Art Moderne* de Bruxelles (n° du 7 novembre 1886) un article enthousiaste sur l'*Eve Future* : et un an plus tard, même revue, 30 octobre 1887, un article des plus chaleureux au sujet de Mallarmé.

(1) Communiqué par M. Henri Leclercq de Bruxelles. Cette correspondance qui débuta au sujet de l'édition projetée d'un recueil de
proses « le Tiroir de laque » se poursuivit régulièrement jusqu'à la
mort du poète.

m'a mis sous les yeux ta Soirée chez Nina. Le passé, avec une telle délicatesse de doigts et cette parole suprême qui t'est familière évoqué, moins encore que de t'entendre soudain dans la montagne et le feuillage au loin, je t'en dis merci. Me revoici à Valvins, mais sans espoir de toi puisque Marras ne règne plus dans Fontainebleau et que tu dédaignes l'herbe et qu'il te faut des palais. Au revoir, ta main et pour nous tous, embrasse Totor.

Ton

STÉPHANE MALLARMÉ.

Valvins par Avon (Seine-et-Marne) (1).

Il n'avait de palais que dans ses songes, le pauvre grand homme ; en six mois, il avait composé ou achevé, et publié dans des journaux, la plupart des *Nouvaux Contes Cruels.* Au début de novembre, il corrigeait les épreuves de ce recueil : déjà très souffrant, il ne put veiller de près aux corrections dont un assez grand nombre ne furent pas faites, à commencer par la substitution qu'il désirait du nom de *Sylvanire* à celui de *Sylvabel* (2) comme titre au seul conte inédit de ce recueil. Il s'illusionnait encore heureusement sur le caractère de sa maladie : médecins et amis s'accordèrent à lui en dissimuler la nature irrémédiable : mais il lui fallut bientôt s'aliter : et il était à peu près sans ressources, ne pouvant plus travailler, au mo-

---

(1) Communiqué par M. Henri Mondor. Jean Marras était un de leurs amis de longue date, beau-frère d'Henry Roujon et qui avait été, quelque temps, attaché à la conservation du palais de Fontainebleau.

(2) Épreuves corrigées des *Nouveaux Contes Cruels.* Catalogue Ronald Davis. Paris, 1938.

ment même où il eût pu, pour la première fois de sa vie, placer assez facilement ses ouvrages.

Que pourrait-on ajouter à ces billets qu'adressa Villiers, pendant les derniers six mois de sa vie, à celui que, depuis vingt-cinq ans, il tenait pour le plus cher et le plus sûr de ses amis, à celui dont il avait au premier moment apprécié la rare distinction d'esprit, et tant de fois la délicatesse de cœur. Il pense que Mallarmé, malgré la modicité de ses ressources personnelles, malgré son habituelle réserve, saura mieux que tous lui venir en aide efficacement : et il ne se trompe pas. Sans tarder, Mallarmé met tout en œuvre pour adoucir les derniers jours de ce grand méconnu.

[janvier 1889].

Mon cher ami,

Je suis au lit, avec un point de pneumonie. Le docteur Robin qui est un ange, est venu me voir deux fois.

Si tu as un moment, viens me serrer la main.

Ton vieux,

VILLIERS.

45, rue Fontaine, au 4e

Jeudi.

ce 10 janvier 89.

Ma foi, mon cher ami, si tu as parlé du petit emprunt (à 15 jours 3 semaines) que je voudrais contracter, et que cela n'ait pas semblé en dehors des limites du possible, j'en serais fort content; car je ne puis finir ma nouvelle que d'ici à quatre ou cinq jours, et je crois bien que l'or ne pleut pas chez moi.

> La main, de cœur,
>
> VILLIERS.

Tiens, j'ai daté en haut. — Comme une lettre d'af-faires !! (1).

Madame Méry Laurent à qui Mallarmé avait dépeint l'état physique et financier de l'écrivain vint le voir aus-sitôt rue Fontaine et lui apporter quelques douceurs (2). Le 15 janvier, Mallarmé écrivait à Verlaine, alors à l'hô-pital Broussais : « Je vous renvoie tard la mienne (3), ayant donné mes minutes à la maladie de Villiers inquié-tante : il en sort. » (4).

ce 7 février 89.

Mon cher ami,

> *Entre nous seuls.*

Il faut absolument que je parte pour Fontenay (5) de-

(1) Ces deux billets relevés dans les Archives Mallarmé.

(2) Cf. lettres de Villiers à Méry Laurent, des 12 et 16 janvier 1889 (*Villiers de l'Isle-Adam*, par Edouard de Rougemont, un vol. Mercure de France, 1910).

(3) Sa poignée de main.

(4) Lettre inédite, communiquée par M. Henri Mondor.

(5) A Fontenay-sous-Bois, 9, avenue des Marronniers, où il venait tout juste de s'installer. Il espérait alors repartir pour une tournée de conférences en Belgique (voir lettre à Méry Laurent du 10 février 89, dans Rougemont, *ouv. cité*, p. 318).

main vendredi, à 4 h. 1/2, pour affaire sûre *et* immédiate.
Je n'ai plus le nécessaire, oh, c'est l'affaire de cinq francs.
Peux-tu me les prêter pour 2 jours demain matin?

A toi,

Villiers.

Pourras-tu encore venir toi-même, mon pauvre ami ?

jeudi [21 février 1889].

>   *Mon cher ami,*

*C'est encore moi qui, débordé par ces jours derniers, viens
te dire:*
J'ai encore besoin pour deux jours *de la même somme, je
ne touche d'argent que lundi.*
*Tout le reste est terminé et va bien: je n'ai plus absolu-
ment qu'à attendre ces deux jours.*
Cela, donc, t'est-il possible?
*J'abuse de ta complaisance, mon pauvre ami. — Si tu
vois le moyen de me couvrir de cet or, je viendrai demain
de onze heures 1/2 à midi m'en enquérir anxieusement.*
*— Je tâcherai tout de même que, cette fois, je mette plus
d'intervalles entre les bons services dont je te tracasse. Mais
cette quinzaine a été difficile.*

Ton

Villiers (1).

(1) Ces deux lettres, dans les archives Mallarmé.

Mallarmé, renseigné sans doute par le docteur Robin, appréhende le moment où l'état de Villiers s'aggravant, la maladie ne leur permettra plus de trouver de ressources, si minces qu'elles soient. Dès le début de mars, il écrit à François Coppée : « Si vous ne me dites pas par un mot être absent de chez vous vendredi matin sur les onze heures, j'irai, parce que j'ai à vous parler d'un projet concernant notre pauvre Villiers, où vous pouvez m'être de conseil et d'aide (1). » Et le 12 mars, il récrivait au même ami : « Notre pauvre ami Villiers de l'Isle-Adam
« traverse une crise, maladie, soucis, d'une durée incer-
« taine, nous voudrions, quelques-uns, la lui adoucir, et je
« crois que vous sentiriez du regret à ne pas en être
« averti.

« S'engager à cinq francs fixes, chaque mois, remis
« ainsi ou par une avance en bons de postes, dans mes
« mains, paraît le moyen simple. On commencera tout de
« suite, en mars (2). »

Et il adressait le même jour une lettre rédigée dans les mêmes termes à J. K. Huysmans, à Deman, à Verhaeren. Et ce billet de Villiers montrera que l'initiative de Mallarmé était bien nécessaire.

[16 mars 1889].

Mon cher ami,

En voici une bonne !

L'enfant est arrivé chez Baschet après caisse fermée, — et c'est samedi : — de sorte que je ne puis toucher les cent francs que lundi à 9 heures.

(1) S. d. Jeudi matin. Communiqué par M. Gilbert de Voisins.
(2) 12 mars 1889. Communiqué par M. Gilbert de Voisins.

D'ici là... si tu as cinq ou dix francs... pour jusqu'à lundi midi, voilà. Nous avons toutes les provisions nécessaires, *mais plus rien, sûr que je me croyais de la caisse Baschet pour ce soir.*

Ce sont les derniers embêtements!

Ta main,
ton
VILLIERS.

16 mars 89 (1).

[16 mars 1889].

Me voilà, mon vieux, oui, tu le dis bien, ce sont les derniers embêtements. Dors sur les deux oreilles.

Ton
STÉPHANE M.

Samedi soir (2).

Dans la lettre de J. K. Huysmans à R. du Pontavice de Heussay, reproduite dans le livre de celui-ci sur Villiers de l'Isle-Adam, on peut lire : « Mallarmé qui fut alors pour lui un très sincère et attentif ami, avait ouvert une discrète souscription, et de mon côté, je disposais d'assez fortes sommes que le dévoué Francis Poictevin m'avait remises. »

Mallarmé alerte tous les amis pour constituer ce petit fonds mensuel qui doit assurer au moins la tranquillité

---

(1) Archives Mallarmé.
(2) Sur une carte-correspondance bleu-clair (communiqué par M. Henri Mondor).

morale du malade qui s'illusionne encore entièrement sur son état. De Meudon, le 16 mars, Octave Mirbeau écrivait à Mallarmé : « Hervieu m'écrit ce matin le triste état du pauvre Villiers. Je m'empresse de vous envoyer mon adhésion. » Une lettre de Catulle Mendès à Mallarmé montre que la souscription s'était étendue au delà du petit cercle d'amis.

[timbre de la poste : 30 mars 89].

Mon cher ami,

J'ai immédiatement donné l'ordre à la Vie Populaire *de reproduire un des livres de Villiers :* Tribulat Bonhomet *paraîtra dans très peu de jours* (1). *Ce sera toujours quelques menus sous. En outre, bien qu'entre nous j'approuve assez peu la cotisation mensuelle je m'en suis naturellement occupé ; et vous trouverez à l'autre page les noms des personnes qui m'ont promis d'effectuer chaque mois le versement de francs : 5.*

Comment va Villiers ?

Darzens et Mikhael m'avaient donné une fausse adresse car j'ai couru toute la rue Fontaine l'autre jour sans pouvoir trouver Villiers.

Pouvez-vous être assez aimable pour m'envoyer le numéro de sa maison ?

Bien cordialement à vous, mon cher ami,

CATULLE MENDÈS.

(1) Archives Mallarmé. — *Tribulat Bonhomet* parut en effet dans *la Vie populaire* du 7 avril au 2 mai.

30 mars 1889.

Henri Simond, Echo de Paris....	fr. 5
Amédée Saissy.................	fr. 5
Friedlander....................	fr. 5
Montégut, 69, rue Perronnet	
Neuilly....................	fr. 5
Mermeix, 60, rue de Clichy	fr. 5
Victor Villenich, 22, rue Saint-	
Pétersbourg.................	fr. 5

Villiers, si pauvre, a des craintes que Mallarmé ne se
prive extrêmement, et, sachant que celui-ci va quitter
Paris pour quelques jours, il lui écrit :

dimanche [14 avril 1889].

Mon cher ami,

*Je ne puis me résigner à te voir commettre l'imprudence
de partir avec le strict. Il faut que si ta femme, par exemple,
se trouvait indisposée, plus mal, enfin, tu aies au moins les
deux louis immédiats qui te laissent le temps de l'écrire.*

*Ci-joint donc, 50 francs: tu ne peux pas me les refuser,
puisque je suis parti, — et parce que c'est trop peu. N'oublie
pas que je t'en dois 10 depuis le temps et que j'oublie de te
les rendre comme si c'était devenu un rêve.*

J'emporte Vateck [sic], *qui me parlera de toi, mon bon et
cher ami: et, à la première impasse, je compte sur une lettre
qui serait suivie, tu peux m'en croire, d'une réponse immédiate.*

J'entre là-bas avec 350 fr. en poche : je n'ai donc nul besoin d'argent : au contraire.

Je te serre la main de cœur,

Villiers.

Ce 14 avril 1889.

P.-S. — Si tu peux m'envoyer la livraison à 3 sous de la Lecture pour tous, cela me sera une joie, car je veux apprendre par cœur le Nénufar blanc (1).

Les lettres échangées par les deux écrivains durant les trois mois qui suivent ne nécessitent plus aucun commentaire : elles font paraître clairement le dévouement de l'un, le courage de l'autre, leur mutuelle gentillesse et leur profonde affection.

Pâques 1889 (2) [21 avril].

Bien cher ami,

Me voici, respirant enfin l'air naturel, et, si comme dit

---

(1) Archives Mallarmé. Villiers de l'Isle-Adam vient tout juste de s'installer à Nogent-sur-Marne, 15, rue de la Croix. Mallarmé partait qualques jours après, avec sa femme et sa fille, passer les vacances de Pâques à Valvins. Il s'agit du *Vathek* de Beckford, réédité par Mallarmé en 1876. Mallarmé, ce même jour (14 avril 1889) écrivait à Octave Mirbeau : « Merci pour notre pauvre Villiers, absolument atteint : il va pour la première fois passer une saison dans un jardin, en paix, vous et quelques-uns le permettant » [inéd. Bibliothèque Jacques Doucet]. Et à Léon Hennique, ce même jour également : « Merci pour Villiers, atteint : il délire joliment, de fleurs, comme Ophélie, ce n'est pas lui, n'est-ce pas ? et vient de partir pour un jardin à Nogent. Je crois que nous lui avons la paix de cet été. »
[Communiqué par M. Gilbert de Voisins.]
(2) Stéphane Mallarmé était à Valvins pendant les vacances de Pâques.

ma bonne Marie, le soleil est « consécutif », ma foi, je commence à espérer sérieusement, car, déjà, les forces reviennent et l'anhélation diminue.

Le hamac est tendu: j'y fume seul, je le maintiens (1).

Mais l'on n'a que des dix minutes de soleil en ce mois.

La maison, que j'ai prise à l'abandon, inhabitée depuis 3 ans, était dans un état qui frisait le sordide. Choubersky s'est surpassé. — A présent (aux frais du propriétaire), le jardin est peigné (la qualité d'abandon du jardin ne méritait que ce coup de peigne, sans cela je l'eusse gardé tel quel, il va sans dire). Marie a tout nettoyé et fait reluire. Quand mai nous amènera les fleurs, ce sera visible et très sortable.

Pourvu maintenant que tu aies quinze bons jours de soleil, toi et les tiens !

Je vais me mettre au Calife « abasside », dès qu'il fera chaud (2). *Et à M. Whistler; j'apprendrai le reste pour ta première visite; je te serre la main.*

VILLIERS.

Je t'écris dans mon lit sans pupitre ; ni cahier, c'est plus naturel.

P.-S. — Au fond, je suis très bien ici, et à fort bon marché. Ça valait 1.000 à 1.200 fr. C'est autre chose que Viroflay ! — J'écris à Percebois demain pour 12 bouteilles. Préviens-le d'une carte, si tu as le temps. — J'ai

(1) Allusion au poème de Mallarmé : *Prose pour des Esseintes.*

> Nous promenions notre visage
> (Nous fûmes deux, je le maintiens)
> Sur maints charmes de paysage.

(2) Le Calife, c'est-à-dire *Vathek* : et M. Whistler, la traduction par Mallarmé du « Ten O'ctock ».

trouvé ici d'excellent bordeaux léger, absolument *pur,* —
*enfin d'excellent vin à 110 francs la pièce!! (grâce à de
vieux propriétaires d'ici qui ont tenu à me faire plaisir, de
vieux gourmands).*

>   15, *rue de Lacroix,*
>   *Nogent-sur-Marne* (1).

>   [27 avril 1889].

Paris, samedi soir (2).

   *Viens, tu enverras, peu après cette carte, à la gare de
Nogent, où t'attend un visiteur,* — *pas moi, hélas! mais je
t'arriverai un de ces jours,* — *c'est un des pigeons-capucins
du docteur Evans, que lui a demandé pour toi Méry. Un
jour ou deux, tiens-le dans une chambre, je pense, avec
les graines qu'il mange, Marie doit savoir cela, pour qu'il
connaisse la fenêtre, et erre après à son gré vers ton épaule.*

   *Comment te sens-tu? J'aime à croire que cette fois ce sera
pour toi la campagne, Mai et la bonne convalescence, car
tu as payé cher ton nouvel état de notable campagnard : tous
les bourgeois ont des hémorroïdes,* — *pauvre, je te plaisante,
de contentement de savoir ça fini, mais je te réponds que
Mardi je n'étais pas gai... Vu Marras, hier soir, nous
avons causé de toi, tu penses, je ne puis te l'envoyer dans
une cage.*

   Mes amitiés, celles de tous, à vous tous.

>   *Ton*
>   **S. M.**

(1) Archives Mallarmé.
(2) Sur une carte-correspondance bleu-clair (communiqué par
M. Henri Mondor).

[*Nogent-sur-Marne*]

[lundi 29 avril 1889].

Ami, j'ai passé deux jours atroces et un dimanche char-
mant. Aujourd'hui, j'expie un peu d'avoir jacassé.
   Les visites me font mal et tu serais bien gentil si tu le
disais, comme tu sais dire les choses délicates. — Mikhael,
qui est plein de talent, et le jeune Mario de Saint-Ygest
sont venus, cela m'a fait parler. Cela me tue. Je ne veux re-
cevoir que toi et Dierx, *ou* Huysmans, personne autre. *Il*
est monstrueux que nous n'ayons jamais été seuls. Je vais
écrire à Bénédictus de ne pas venir dimanche.
   J'ai reçu le pigeon capucin, pourquoi capuçin ?
   Il est bien aimable. Mais je ne sais plus comment épuiser
les formules de reconnaissance, pouvant à peine tenir une
plume aujourd'hui. Je ne souffre pas, je n'en peux plus,
voilà tout. La vue d'une feuille de papier me rend malade.
   Mon bon et cher ami, le dimanche est ton seul jour de
travail, je ne peux pas te prendre ce qui est sacré, ce que tu
n'as pas le droit de me donner. Quelle chose absurde que
la distance et comme on fait payer d'avance un jour de soleil!
   Viens si tu as un instant, une soirée. Le dîner ou le dé-
jeuner seront toujours bons ou passables.

                                                Ton
                                       VILLIERS (1).

(1) Archives Mallarmé.

[mai 1889].

Paris, mercredi soir.

*Mon vieux, quelle poignée de mains rapide, mais elle a
contenu pour nous tous de la tranquillité : tu as compris,
n'est-ce pas, que menant Robin à Nogent, en ami, je ne
pouvais le laisser repartir seul : et pourtant, ce serait à cette
heure-ci charmant d'être encore près de toi ! A bientôt.
Toute l'autorité de ta très bonne Marie, je la requiers pour
que tu suives, sans chipoter en rien, le traitement de Robin,
qui m'a dit et répété le long du chemin que poumons et
cœur étaient mieux : il faut soigner l'estomac. Il aura le
nom du médecin qu'il tient pour excellent, c'est peut-être le
tien, et alors ils échangeraient au besoin leur avis par lettres.*

Ton
STÉPHANE M. (1).

[mai 1889].

Mardi matin.

*Mon pauvre vieux, un mot seulement, même des bâtons
de Totor, que je sache si tu souffres moins ; ou attends que
Fournier t'ait écrit son avis, et donne-moi de bonnes nouvelles. Il doit avoir une lettre, ce matin : Méry, que j'ai at-
tristée tout dimanche soir par mon chagrin m'a prévenu
que justement son docteur quittait Paris pendant la journée*

(1) Sur une carte-correspondance bleu-clair (communiqué par
M. Henri Mondor).

d'hier: quelle malchance! Mais j'ai écrit quatre pages, et je crois qu'il est renseigné suffisamment, pour t'aider.

Au revoir, tout était si bien, le repas au jardin et de l'espoir dans ce feuillage, sans cette inepte complication, qui abattrait un homme bien portant. Ne te tourmente pas, souffrir me semble assez. Ici on t'aime, tous nous mettons les mains dans les tiennes. A bientôt.

Ton

Stéphane M. (1)

[timbre de la poste : Paris, 31 mai 89].

Vendredi soir,

    Mon bon cher,

Je t'écris dans la rue que j'irai te voir demain samedi, t'arrivant sur le coup de midi : je te porterai l'amitié de tous, et reviendrai avec de bonnes nouvelles.

Ta main et toutes celles autour de toi, serrées.

Ton

Stéphane Mallarmé (2).

Nogent-sur-Marne, ce 6 juin 1889.

Mon bon ami, le contretemps de samedi est malheureux car nous avons à nous dire bien des choses.

(1) Original dans la Collection Henri Mondor.
(2) Communiqué par M. Henri Mondor.

Cela irait mieux sans l'essoufflement qui m'empêche de faire trois pas quelquefois.

Je me suis presque trouvé mal à Paris dans la voiture. Maintenant je suis au régime, sans tabac, ni bière. Cela va mieux ? je ne souffre pas du tout, pourvu que je vive étendu et sans boire et sans marcher.

Le vin de Percebois a besoin de deux mois de cave. Il est excellent à part cela. Il m'a trompé sur l'âge de l'échantillon, mais c'est même qualité.

Ci-joint ce dont tu dois avoir certainement besoin pour ton voyage.

J'ai demandé le jambon.

Ton

VILLIERS.

Je n'ai pas encore la force d'envoyer un merci à Dumas (1)

Paris, vendredi 7 juin [1889].

Tu es gentil, mon bon vieux ; mais non, je n'en avais pas tout à fait besoin, mais tu es gentil tout de même. Voilà maintenant, que c'est toi qui penses à moi ! Le contretemps de l'autre jour m'a été cruel, parce que j'aime une longue causerie tous les deux... mais cela se retrouvera, après Valvins. Ainsi, c'est surtout de la faiblesse, tu n'as pas repris encore ton état, tout se renoue et dans un grand repos qu'il te faut, laisse-toi faire ! Ne te préoccupe pas, j'ai écrit, moi, à Dumas (c'est donc fait) que son départ pour la campagne te désap-

---

(1) Archives Mallarmé. Alexandre Dumas fils, depuis le temps des représentations de *la Révolte* avait toujours montré de la sympathie pour Villiers de l'Isle-Adam.

pointerait, parce que tu voulais, levé, aller le voir, etc...
Cazalis s'informe de toi. Robin se met à ta disposition. On
t'aime.

STÉPHANE.

Ah! ce brigand de Percebois. Amitiés autour de toi. Tu
ne fumes pas, oh! pauvre ! (1).

[9 juin 1889].
Pentecôte.

Mon cher ami,

Je ne puis boire le vin que coupé d'au moins moitié d'eau,
et pas plus d'un verre et demi par repas.

Heureusement, il est bon et me revient à moins cher que
le poison qu'il fallait acheter au détail.

Je ne peux vivre que couché sur le côté gauche.

Trois pas et je retombe avec une suffocation d'un quart
d'heure.

Couché, je n'ai pas d'essoufflement, puisque c'est sim-
plement la dilatation et la position de l'estomac qui me le
cause.

Le pire est que travailler me flanque la fièvre au bout de
10 minutes et que je m'y reprends à trois fois pour écrire
une lettre.

Je vais être réduit à vivre de peptones de Koch.

(1) Sur une carte-correspondance bleu-clair (communiqué par
M. Henri Mondor). On se rappelle ce que Villiers de l'Isle-Adam dit
d'Édison, au premier chapitre de *l'Eve Future* : « lui si peu fumeur,
le tabac changeant en rêveries les projets virils ».
  Mallarmé partait le lendemain pour passer trois jours à Valvins :
congé de la Pentecôte.

Et cependant, il y a un mieux! C'est incontestable malgré mes jambes en coton.

J'ai voulu boire un peu d'eau de Bussang, qui est excellente et pleine de fer, vlan! un verre de trop, c'est la diarrhée et c'est à recommencer la valeur de deux jours de traitement.

Du feu toute la nuit, je ne me lève que pour fourrer une bûche dans le feu. La maison, longtemps inhabitée, est humide et glacée la nuit, et l'air me cassant les bronches, la bronchite, la toux et le reste reparaissent.

A part cela, couché si je n'ai pas mangé, je ne souffre pas. C'est l'anémie. Une maladie empirée et ancrée durant 3 ans, et compliquée d'une pleurésie de six mois, — avec des restes de bronchite, — ne se guérit pas comme cela.

Cependant, si je continue le régime peptones et ne pas boire, il est certain que dans 2 mois, j'irai tout à fait mieux. L'estomac se raccrochera, se contractera de lui-même forcément. C'est une question de temps et de patience. Peu de médicaments et beaucoup d'hygiène, comme a dit le docteur Fournier.

Maintenant, cher ami, tu me crois peut-être plus riche que je ne suis. Il y a dix-huit ou 20 francs en caisse sur lesquels je dois six francs demain à l'horloger. Le terme, les honoraires du médecin Liébaut, les pharmaciens, les petites dettes de quinzaine du boucher et du boulanger, etc., tout cela et les envoyées de Marie à Paris pour des provisions, les douanes, la traite Percebois, tout cela m'a mangé les 100 ou 150 francs d'économie que j'avais. Si donc tu as pour moi le nécessaire, hélas, envoie-le à découvert par la poste, car cela va presser.

Cette lettre entre nous,

ta main,

VILLIERS.

Nogent, ce 9 juin 89 (1).

[timbre de la poste : Paris, 16 juin 89].

Dimanche.

*Mon bon vieux, comment vas-tu ? Je pense bien à toi et,
comme je ne saurais attendre à Samedi prochain, pour te
serrer la main, veux-tu, à moins d'un mot de toi, qui m'aver-
tisse tout de suite d'une absence, que je t'arrive mardi* (2),
*sur le coup de midi ? Je t'embrasse entre deux mêches et
envoie à l'avance toutes mes amitiés pour toi et l'entourage.*

STÉPHANE MALLARMÉ.

Adresse : Pressé.
Monsieur le Comte de Villiers de l'Isle-Adam

15, rue de la Croix

Nogent-sur-Marne (3).

Nogent, 29 juin 1889.

*Mon cher ami, viens quand tu voudras ; les forces semblent
un peu meilleures, mais l'essoufflement m'empêche de faire
dix pas. Ma seule atttitude possible est celle d'un V consonne.*

(1) Archives Mallarmé.
(2) C'est-à-dire le surlendemain, 18 juin.
(3) Communiqué par M. Henri Mondor.

*Comme cela je respire. A part cela je ne souffre plus. — Je
me suis mis à la Peptone, à la pancréatine, etc., — c'est
bien salutaire. — A propos, je viens de recevoir de la maison
Querhoent, du Havre, avis que le Malaga m'arrivait. —
Faut-il le mettre en chambre fraîche, ou en cave ?*

   *— J'ai jeté le plan d'une nouvelle amusante peut-être, —
et vraiment assez impressionnante :* Le Revenant de la
Tour Eiffel.

*La poste ne m'a fait parvenir aucune tisane. — Quel
bonheur si tu pouvais venir avec Dierx, déjeuner l'un de ces
prochains jours : je vais lui écrire. Il y a des fleurs maintenant au jardin et le mobilier est mis à neuf.*

Ton

VILLIERS.

Cordial souvenir aux tiens.

*[Enveloppe : Monsieur Mallarmé
   89, rue de Rome
         Paris.]*

Nogent-sur-Marne, 30 juin 89.

   Mon cher ami,

*Je crois que je prends le dessus, et sur l'air trop vif et
sur l'anémie. La Peptone Defresne,* « viande assimilable,
artificiellement digérée, nutriment tonique et reconsti-
tuant, infusant du muscle en supprimant à l'estomac toute
fatigue » *est un aliment thaumaturge. Mêlée au sustenteur,
qu'il pénètre de son assimilable, cela est d'un effet étonnant,*

en 12 heures. Je crois que j'ai trouvé là le salut (3 fr. 80 le flacon, rue Drouot).

Je suis sûr que pendant les vacances, ta femme s'en trouverait bien, car c'est vraiment un remède, *une chose sérieuse.*

L'arrob de Pablo Czagel m'est arrivé hier en son beau sac de paille verte. Il repose, en nos celliers, au frais, dans la chambre du piano. Dans 12 jours, je saluerai son orient liquide; (oh! oh!).

Si d'aventure, tu voyais devant toi le pharmacien Vrignaut, (dont je viens de recevoir les paquets) félicite chaudement, n'est-ce pas, cet homme d'ordre d'avoir craint de risquer 3 sous en m'envoyant l'ordonnance de Robin. De sorte que je ne sais comment faire cette tisane, ni quand la boire, ni ce qu'elle est.

Cher ami, n'oublie pas l'affaire Edison]: ce serait bien heureux.

Ton
VILLIERS.

Les Flamands ont sans doute craint que, par ces chaleurs, le jambon ne repartît seul! (1).

Paris, lundi matin [1er juillet 1889] (2).

Mon bon vieux,

Une bouffée de vie et de juin, que ton mot; j'avais déjà respiré, un peu, le dernier, avec joie. Admirable cette pep-

---

(1) Ces deux lettres dans les Archives Mallarmé.
(2) Carte-correspondance de couleur bistre (Communiqué par M. Henri Mondor].

tone, j'en avais parlé à Robin qui craignait que cela ne te
parût nauséabond. Tu sais que je t'avais indiqué l'usage des
paquets : en infusion, un par jour à boire à ton gré, c'est
tonique et stimulant (un bois des îles dont je t'écrirais mal
le nom). Je compte sur le feu voilé du Malaga, mieux encore.
Six jours de repos, ou cinq suffisent, jamais un de plus ici,
dans un endroit plutôt frais.

A bientôt, je tâcherai de t'aller voir, prévenu, une fois
avec Huysmans.

Ton

STÉPHANE MALLARMÉ.

Amitiés autour de toi, merci des bons conseils pour ma
femme : elle se réjouit aussi que le mauvais temps pour toi
soit passé.

Je ne vois plus la Tour Eiffel sans que le revenant ne
s'impose : dis, tu me liras le jeté.

Le vendredi 12 juillet 1889, sur la recommandation de
Huysmans, Villiers était transporté à Paris à la Maison
des Frères Saint-Jean-de-Dieu, rue Oudinot. Mallarmé
en avisait Coppée ainsi le jour même : « Voilà qu'un mot
« de Villiers, trouvé en même temps que votre lettre,
« m'annonce qu'il s'est fait transporter aux Frères Saint-
« Jean de Dieu ne vivant plus là-bas ! et qu'un secours
« du Ministère lui a permis de payer la première quin-
« zaine.

« Nous sommes riches, avec de l'espace devant nous,
« et il y a lieu de thésauriser. Je me rendrai, rue Hippolyte
« Lebas.

« Il devait entrer à peu près au moment où nous sor-

« tions : c'est un de ces coups de malade, Mais bien ex-
« plicable ! Une bonne journée. Grâce à vous » (1). Quelques
jours plus tard, il ne dissimulait pas, au même ami, que
l'issue ne pouvait plus malheureusement être très loin-
taine. « Merci, cher ami, il a été bien mal, en effet, samedi
et dimanche, puis le revoici un peu comme à votre départ, mais plus évidemment touché. Robin ne croit pas
qu'il dure plus d'un mois, si rien ne survient auparavant.
Je pars pour Valvins tout prêt à revenir sur un mot de
Huysmans que j'ai prié les Frères de faire appeler en
cas que cela aille mal... » (2).

Le même jour, il informait José Maria de Heredia de
son départ et de l'état de Villiers. Et en même temps il
s'efforçait directement d'entretenir les illusions du malade.

[juillet 1889].

Dimanche.

*Vieux cher, j'ai été bien triste, hier, de cette complication
et de ta fatigue : pourtant le lait doit être bon. Rappelle-toi
l'eau de Vichy, mais essaie aussi de le prendre avec une
paille comme les boissons de Tortoni. Ainsi fait mon ami
J. L. Brown* (3), *mis à ce traitement blanc, et qui au début
ne digérait pas le quart d'une tasse, il s'en trouve fort
bien. Aspirer lentement, avec des repos, à coup sûr ! c'est*

(1) Paris, vendredi soir (communiqué par M. Gilbert de Voisins).
(2) Paris, 23 juillet [1889] (communiqué par M. Gilbert de Voisins).
(3) Le peintre français John Lewis Brown (1829-1891). Ce billet
est écrit sur une carte-correspondance de couleur bistre [communiqué
par M. Henri Mondor].

*pour qu'une trop grande quantité ne pénètre pas à la fois
dans l'estomac.*

   A bientôt, Mardi, sans doute.

Ton

STÉPHANE M.

   « Pendant que par la fenêtre ouverte sur un dernier
jardin, pénétraient, au couvent, les fins de jours d'été » (1),
Villiers de l'Isle-Adam s'affaiblit de jour en jour : il ne se
croit pourtant pas encore aux portes de la mort : le zèle
extrême de Husysmans s'emploie à convaincre le malade
de la nécessité d'un mariage avec la compagne dévouée
dont il a eu un fils, ne fût-ce que pour assurer à celui-ci
la possession de son nom. Villiers diffère. Cependant, pour
parer à des poursuites possibles de créanciers sur les mé-
diocres biens de cette femme et de cet enfant, Villiers
accepte qu'un contrat passé entre Marie Brégeras et
Mallarmé stipule, qu'en paiement d'une dette de deux
mille cinq cents francs, Marie Brégeras abandonne à
Mallarmé l'ensemble de ses biens mobiliers à Nogent.
Il est de toute évidence que les prêts de Mallarmé à
Villiers n'avaient jamais pu — et pour cause — s'élever
à cette somme : et que Mallarmé n'entendit jamais s'en
couvrir de cette façon. Il s'agissait d'un accord amical
ayant pour objet de sauvegarder le foyer, le petit héritage :
la vieille table familiale, le grand piano de Paepe, con-
servé en dépit de tant de vicissitudes. Cet acte fictif daté

---

   (1) Stéphane Mallarmé. *Villiers de l'Isle-Adam* (Lacomblez, éd.
1892, p. 50).

du 3 août 1889 nous est parvenu (1) mais la lettre suivante témoigne qu'après une consultation juridique une
première rédaction ne fut pas considérée comme établie
selon les formes, et nous voyons Mallarmé, à la sugges-
tion de Malherbe, occupé à en faire établir un autre à
Fontainebleau, où il se trouve, comme d'habitude, pendant les vacances de l'été.

Paris, vendredi [9 août 1889].

Cher Monsieur,

Le notaire, venu ce matin, a indiqué que, pour parer aux
inconvénients redoutés par notre ami, il fallait remplacer l'acte
que vous avez improvisé avant-hier par celui qui est ci-inclus.
Voudriez-vous avoir l'obligeance d'en prendre une copie,
papier timbré et la lui retourner (à Villiers), après l'avoir
revêtue de votre signature, gardant par-devers vous celle qui
est ci-incluse.

Notre cher malade a pu, par un médicament énergique, sup-
primer à peu près la diarrhée, de sorte que les quelques ali-
ments qu'il peut prendre vont lui profiter. Son rétablissement
complet ne sera plus alors, comme nous l'avons toujours pensé,
qu'une question de temps. Il vous envoie ses meilleures amitiés.

Veuillez croire, cher Monsieur, à mes meilleurs sentiments.

G. DE MALHERBE.

(1) Ce document se trouve aujourd'hui dans la collection de M. Henri
Mondor. M. Marcel Longuet nous a apporté sur ce point les assurances
de son incomparable information en ce qui touche Villiers de l'Isle-
Adam, et communiqué ce passage d'une lettre datée du 15 août 1889,
adressée de Valvins par Stéphane Mallarmé à Mᵐᵉ Méry-Laurent : « Je
crois bien que tu n'as pas su l'angoisse de saisies futures qui ravageait
le moribond. »

N'ajoutez pas, cher Monsieur, trop de foi à ces lignes optimistes que j'ai dû écrire en présence du malade. Cependant elles contiennent un peu de vérité, car aujourd'hui nous avons constaté un mieux sensible après la journée d'hier où il était bien abattu (1).

Valvins, samedi [10 août 1889] (2).

Bon et cher,

Je deviens Shylock lui-même et te renvoie ce papier et même comme j'apprends, tu devines avec quelle joie, ton état meilleur (sans doute après le remède tonique de Robin, dire que tu l'avais depuis si longtemps !), je fais les choses grandement et vais porter l'acte au bureau d'enregistrement de Fontainebleau. Quand tu auras repris un peu, et mange pour cela, j'exigerai ta livre de chair.

Courage! que bientôt tu soies en état d'entrer dans un « chez toi » et mon voisin. Lemancel, lui-même, ne peut plus rien. Je crois que Beaumanoir a quelque chose en vue pour Edison et te l'ira dire.

Au revoir, Marie, au revoir, vieil ami tendre,

STÉPHANE MALLARMÉ.

Nous t'avons fatigué, l'autre jour, pardon.

Mes compliments à M. de Malherbe et un merci pour sa lettre.

(1) Archives Mallarmé.
(2) Ce billet, sur une carte-correspondance de couleur bistre (communiqué par M. Henri Mondor).

Fontainebleau, samedi soir [10 août 1889] (1).

Vu le Supplément du Figaro, *à merveille!*

J'ajoute, en ce moment, chez le Receveur de l'Enregistrement qui est de mes amis, ceci, sous sa dictée.

Il n'y a besoin d'enregistrer cet acte qu'avant de le produire en justice, c'est-à-dire simultanément à une assignation qui nous serait faite par la partie adverse.

L'acte ou tout autre de ce genre n'encourt d'amende ou double droit, n'étant pas soumis à un délai.

Le coût sera de 29 fr. 50 qu'on peut éviter tant qu'il n'y a pas lieu de se servir du papier.

Un enregistrement immédiat n'ajouterait pas d'autre sécurité.

Je t'embrasse, vieil avoué.

STÉPHANE M.

L'acte était à peine signé que le père Sylvestre Marie, des Frères Saint-Jean-de-Dieu, informait Stéphane Mallarmé du consentement donné par Villiers de l'Isle-Adam à son mariage dont Mallarmé devait être l'un des témoins, et de la nécessité pour la cérémonie d'avoir lieu le plus tôt possible, le malade s'affaiblissant beaucoup. Ce mariage *in extremis* eut lieu le 14 août, comme l'indique ce billet de Mallarmé à Edouard Dujardin.

(1) Sur une feuille de papier quadrillé qui avait été évidemment jointe au billet précédent (communiqué par M. Henri Mondor).

Paris, mercredi matin [14 août 1889].

Mon cher ami,

Un mot à la hâte : j'ai trouvé votre lettre en chemin, ce matin, venant à Paris pour le mariage de Villiers, au lit de mort. Merci du bon. Je crains que ce ne soit le dernier.

STÉPHANE MALLARMÉ (1).

Quatre jours plus tard, Catulle Mendès, dont on a vu plus haut l'efficace entremise, mettait Mallarmé au courant de décisions utiles pour Villiers de l'Isle-Adam.

[timbre de la poste : 18 août 1889].

Mon cher ami,

Je suis enfin sur le point de m'évader de cent jours de travail continu.

L'Eve Future paraît dans cinq jours à la Vie populaire (2). Si Villiers a besoin d'argent, je pense que, dès le retour de M. Dupuy, je pourrai lui faire donner, en une seule fois et d'avance, le prix total du roman.

Je suis toujours à votre disposition pour les démarches qu'il y aurait lieu de faire auprès de Marie Laurent. Je

(1) Original communiqué par M. Henri Mondor.
(2) Il s'agissait d'une réimpression qui eut lieu, en effet, dans *la Vie Populaire* du 23 août au 7 novembre 1889. *L'Eve Future* avait paru en volume, chez de Brunoff, en mai 1886.

8

crois que dans cette circonstance particulière, je pourrais
avoir quelque influence sur elle.
Tout à vous de cœur et d'esprit.
Si vous avez une minute, aux heures de déjeuner, tous les
jours 11 1/2.

CATULLE MENDÈS (1).

Mais l'auteur de l'*Eve Future* n'avait plus besoin d'argent. Il mourait, le lendemain même, dans la maison des
Frères Saint-Jean-de-Dieu, rue Oudinot. Les obsèques
eurent lieu, le 21 août 1889, à Saint-François-Xavier. Le
deuil était conduit par le fils du grand écrivain, Victor
Villiers de l'Isle-Adam, qu'encadraient deux des plus
chers amis de son père : Léon Dierx et Stéphane Mallarmé.
Celui-ci s'était occupé d'assurer au cimetière des Bati-
gnoles une sépulture à l'auteur d'*Axël*. De Valvins où il
passa la fin des vacances, il entretint une correspondance
fréquente avec la veuve de Villiers de l'Isle-Adam, qui,
au lendemain des obsèques, avait regagné Nogent et
l'informe « que Rodolphe Darzens l'a aidée à trier les
papiers et qu'il espère reconstituer deux nouvelles inédites » qui seront soumises à Mallarmé. « Huysmans »,
dit-elle, « a revu le manuscrit destiné à Bailly. » [*Chez les
Passants.*] Mallarmé s'inquiète du petit Victor que l'on
doit mettre au collège à Étampes et dont il est un moment
question qu'il soit nommé subrogé-tuteur. Il fait parvenir
peu à peu à la veuve le reliquat des sommes qui lui ont
été remises par les admirateurs de Villiers (2).

(1) Archives Mallarmé.
(2) Lettres de la veuve de Villiers à Stéphane Mallarmé, des 5 septembre, 10 et 20 octobre, 22 et 24 novembre, 7 et 10 décembre 1889,
8 et 25 janvier 1890 (archives Mallarmé).

Ceux-ci savent quel intérêt Mallarmé porte à sa veuve et à son enfant, et le souci qu'il a de l'héritage littéraire de Villiers : cette lettre de Catulle Mendès en donne la preuve, en même temps qu'elle nous révèle l'existence d'une admiratrice restée dans l'ombre :

2 octobre 1889.

Mon cher ami,

La personne dont vous trouverez, sous ce pli, l'adresse et le nom (elle est de passage à Paris) se nommait autrefois Leona Vuaflard. L'avez-vous vue, jeune femme, avec nous ? Depuis, — c'est à dire, après vingt-cinq ans où on ne l'a point vue, — elle a épousé à Bruxelles, son pays, un ingénieur du nom de Vanlangenhove. Elle est riche, enthousiaste, très dévouée, offre en Belgique sa maison ouverte aux artistes, particulièrement aux musiciens. C'est tout à fait une excellente et franche créature, — je le crois du moins, — et son mari paraît lui obéir en tout point. Or, Mme Vanlangenhove a adoré Villiers de la plus vive amitié, — amitié, rien de plus. Elle l'admirait avec frénésie, et s'efforçait de lui être utile autant qu'elle pouvait. Quand elle était à Paris, avec sa sœur et son mari, elle recevait Villiers presque quotidiennement : et vingt fois, elle lui a offert de venir se reposer, chez elle, près de Bruxelles, pendant six mois, pendant un an. — Je l'ai rencontrée à l'Exposition. Elle a été profondément émue de la mort de Villiers. En un mot, je pense qu'elle serait très disposée à faire ce qu'on lui demanderait pour Mme Villiers de l'Isle-Adam et pour le fils de Villiers. Qui sait si elle ne trouverait pas une petite situation honorable, en Belgique, pour la veuve ? De toute façon, il faudrait la voir. On la trouve sans doute dans la matinée. Pourquoi je n'y vais pas moi-même? parce que, — ayant une certaine connaissance de son caractère, — je crois qu'elle sera plus influencée par la visite presque officielle de deux amis de Villiers non connus d'elle. Avec moi, elle se lamenterait, se désolerait, sans promettre peut-être rien de façon à s'engager d'une manière précise, à cause justement de notre amitié ancienne. Tandis que, si vous vous présentez chez elle, Husymans et vous, par exemple, — de ma part, cela va sans dire, — si vous lui expliquez la situation... il en résulterait peut-être quelque chose d'utile et de net.

Bien à vous,

CATULLE MENDÈS.

J'ai reçu, pour le jury, les adhésions de Leconte de Lisle, d'Hérédia. J'attends la vôtre (1).

En même temps qu'avec Léon Dierx et Joris-Karl Huysmans, Stéphane Mallarmé veillait à la publication du recueil posthume de Villiers, *Chez les Passants*, et en surveillait les épreuves, il employait ses rares loisirs à écrire une oraison funèbre de ce grand mort. Sollicité de se rendre en Belgique pour y donner des conférences, il avait saisi cette occasion pour célébrer les mérites de l'ami qu'il venait de perdre. Deux ans presque exactement après que Villiers y avait paru lui-même, Mallarmé, le 15 février 1890, prenait la parole à Bruxelles devant le

---

(1) Arch.ives Mallarmé. — Il s'agissait du jury d'un concours littéraire de l'*Echo de Paris*.

groupe des XX qui réunissait des jeunes gens épris des
formes nouvelles des arts et de la littérature. « Un homme
au rêve habitué, vient ici parler d'un autre, qui est
mort. » Il prononça cette conférence deux fois à Bruxelles,
puis à Anvers, Gand, Liége et Bruges. A peine rentré à
Paris, il en donna une audition pour des amis réunis dans
le salon de Mme Eugène Manet (Berthe Morizot) (1).
Oraison magnifique et substantielle, digne en tout point
de son sujet : insaisissable assurément, pour sa plus
grande part, à l'audition ; mais dont la lecture émeut et
enchante, et qui donne, dans son raccourci, le sentiment
authentique de la grandeur de Villiers, une entrevue de
sa personne et comme un écho de sa voix. On y trouve le
rappel de son rêve comme de son ironie, de sa jeunesse
comme de son ardente et fugace maturité, par tant de
maux menacée ; le rayonnement de ce que Mallarmé appelle si justement « cet afflux de splendeur au-dedans ».

Un génie, nous le comprîmes tel.
Dans ce touchant conclave qui, au début de chaque généra-
tion, pour entretenir à tout le moins un reflet du saint éclat,
assemble des jeunes gens, en cas qu'un d'eux se décèle l'élu ;
on le sentit tout de suite là présent, tous subissant la même
commotion (2).

Un quart de siècle exactement s'était écoulé entre le
moment où Mallarmé avait, à Choisy, ressenti cette première commotion et celui où il essayait d'en prolonger

(1) Le jeudi 27 février 1890, 40, rue de Villejust.
(2) Stéphane Mallarmé. *Villiers de l'Isle-Adam* (Lacomblez, éd.
1892, p. 30).

l'écho. Elle n'avait cessé de lui être vive et n'avait pas
été sans effet sur son esprit. Le plus averti des disciples
du poète d'*Hérodiade* a pu écrire : « Son esprit, pour soli-
taire et autonome qu'il se fût fait, avait reçu quelques
impressions des prestigieuses et fantastiques improvisa-
tions de Villiers de l'Isle-Adam, et ne s'était jamais dé-
taché d'une certaine métaphysique, sinon d'un certain
mysticisme difficile à définir (1). » Il y eut, sans aucun
doute, entre ces deux esprits, quelques connivences, et
maintes, entre ces deux cœurs. Des témoignages en sont
ici réunis, moins dans l'espérance d'accroître une grandeur que ces deux hommes se sont assurée par leur œuvre
et leur vie, que pour l'honneur des Lettres, trop rarement
à ce point ennobli.

(1) Paul VALÉRY. *Lettre sur Mallarmé* (variété II. Editions de la
N. R. F., 1929).

TABLE